Modernes Russisch
Teil 2
Lehr- und Übungsbuch

von Helger Oleg Vogt

Grammatisches Beiheft

Ernst Klett Verlag für Wissen und Bildung
Stuttgart · Dresden

INHALT

Die Ziffern hinter den Seitenzahlen des Inhaltsverzeichnisses sowie die Ziffern hinter den Überschriften im Inneren des „Beiheftes" geben an, in welchen Abschnitten der A-Texte des „Lehr- und Übungsbuches" die betreffende grammatische Erscheinung erstmalig auftritt.

1 a) **Das Adjektiv:**

    Harte und weiche Deklination 7 (1–2)
    Die Deklination der Adjektive im Singular und Plural 7 (1–2)
    Bildung des Superlativs 9 (1–2)

  b) **Das Substantiv:**

    Die Deklination männlicher Substantive auf -й (außer -ий) ... 9 (1–2)

  c) **Das Verb:**

    Das reflexive Verb 9 (3)
    Zur Bildung des Passivs 10 (3)
    Die Bildung intransitiver Verben mit -ся bzw. -сь 11 (3)
    Unregelmäßige Konjugation (есть = essen) 11 (3)
    Konsonantenwechsel 11 (1–3)

  d) **Die Präpositionen:**

    под   = unter; in der Nähe von 12 (1)
    пе́ред = vor 12 (1)
    для   = für 12 (3)
    без   = ohne 12 (3)

  e) **Vornamen und ihre Verkleinerungsformen** 12

2 a) **Die Zahlwörter:**

    Die Ordnungszahlen 1–100 .... 13 (1)
    Das Datum (I) 15 (1)

  b) **Das Pronomen:**

    Die Deklination der Possessivpronomen мой, твой; наш, ваш im Singular und Plural 15 (2)

  c) **Das Substantiv:**

    Die Deklination weiblicher Substantive auf -ия (Singular).... 16 (2–3)
    Die Deklination weiblicher Substantive auf -ь (и-Deklination) 16 (3)

  d) **Zur Wortbildung** 17

3 a) **Das Substantiv:**

Die Deklination weiblicher Substantive auf **-ия** (Plural) 19 (1)
Die Deklination sächlicher Substantive auf **-ие** 19 (1)

b) **Das Verb:**

Die Aspekte 19 (1–2)
Der unvollendete Aspekt 20 (1–2)
Der vollendete Aspekt...................................... 21 (1–2)
Zusammenfassung 21 (1–2)
Die Tempusformen der Aspekte 22 (1–4)
Vorkommen und Bildung vollendeter und unvollendeter Verben 23

c) **Die Präposition вокру́г** = um ... herum 26 (2)

d) **Das Pronomen:**

Die Deklination des Fragepronomens **како́й** und des Demonstrativpronomens **тако́й** im Singular und Plural 27 (2–5)

e) **Das Datum (II)** 27 (3/5)

4 a) **Das Pronomen:**

Die Deklination der Demonstrativpronomen **э́тот** und **тот** im Singular und Plural 28 (1–3)

b) **Das Substantiv:**

Der Genitiv der Menge 29 (2/4)
Unregelmäßige Pluralbildungen 30 (1–5)

c) **Die Präpositionen:**

за = für 30 (2)
среди́ = mitten, inmitten 30 (4)

d) **Das Verb:**

Unregelmäßige Konjugation (**дать** *vo.*) 31 (2)
Zur Bildung vollendeter und unvollendeter Verben 31

e) **Die Übereinstimmung von Subjekt und Prädikat (I)** 32 (4–5)

5 a) **Das Verb:**

Bestimmte und unbestimmte Verben 32 (1–2)
Die bestimmte Form 33 (1–2)
Die unbestimmte Form 33 (1–2)
Zusammenfassung 33 (1–2)

     b) Die Präposition над = über 35 (2)

     c) Das Pronomen:

        Zum Gebrauch des Reflexivpronomens себя 35 (2)
        Die Deklination des Reflexivpronomens себя 35 (2)
        Die Possessivpronomen der 3. Person 36 (3)

     d) Das Substantiv:

        Die Deklination männlicher Substantive auf -анин (-янин) im Plural 37 (3)
        Die Deklination sächlicher Substantive auf -мя 38 (3)

6 a) Das Pronomen:

        Die Deklination des bestimmenden Pronomens весь im Singular und Plural 39 (1)

     b) Die doppelte Verneinung 40 (2)

     c) Die Präposition óколо = neben, bei; in der Nähe 40 (3)

     d) Das Verb:

        Die Bildung des Konjunktivs 40 (3–5)
        Zum Gebrauch des Konjunktivs 41 (3–5)
        Zum Gebrauch des Infinitivs 41 (1)

7 a) Konsonantenwechsel 42

     b) Das Verb:

        Zum Gebrauch von ждать 43
        Vorsilben bei Verben 43
        Zusammensetzungen mit идти 48
        Zusammensetzungen mit unbestimmten Verben 49

     c) Die Präpositionen:

        че́рез *örtl.* = durch hindurch; über 51
        во́зле   = neben 51
        за   = hinter 51

8 a) Das Substantiv:

        Deklination von Familiennamen 51 (1)
        Die Deklination von мать und дочь 52 (1)
        Die Deklination von сын 52 (1)
        Substantivierte Adjektive 52 (1)
        Zum Gebrauch des Instrumentals 53 (1)

b) Das Zahlwort:

Zur Deklination der Grundzahlwörter (I)	53 (1)
Das Grundzahlwort **один**	53 (1)
Die Grundzahlwörter **два (две), три, четыре**	54 (1)
Die Grundzahlwörter **пять ... двадцать, тридцать**	54 (2–3)
Zum Gebrauch der Grundzahlwörter	55 (1–3)
Die Sammelzahlwörter	57 (1)

c) Die Übereinstimmung von Subjekt und Prädikat (II) 58 (2–3)

d) Zur Wiedergabe von „müssen" und „dürfen" 58 (4–5)

9 a) Das Adjektiv / Das Adverb:

Die Steigerung der Adjektive und Adverbien	60 (1–5)
Zur Bildung des Komparativs	60 (1–5)
Der einfache Komparativ	60 (1–5)
Der zusammengesetzte Komparativ	63 (1–5)
„als" beim Komparativ	63 (1–5)
Zum Gebrauch des Komparativs	63 (1–5)
Zur Bildung des Superlativs	64 (1–5)
Der einfache Superlativ	64 (1–5)
Der zusammengesetzte Superlativ	65 (1–5)
Zum Gebrauch des Superlativs	65 (1–5)

b) Das Substantiv:

Die Deklination von **путь**	66 (3)

c) Die Präpositionen:

между	= zwischen	66 (1)
с (со)	= von, von ... her, von ... an	66 (3)
через *zeitl.*	= nach, nach Verlauf von; in	66 (4)

10 a) Das Verb:

Zur Wiedergabe von „wollen"	66 (1/3)
Die Verben auf **-овать**	67 (2)

b) Das Pronomen:

Das Relativpronomen **который**	68 (1–4)
Das bestimmende Pronomen **сам** = selbst, selber	69 (1–2)
Das bestimmende Pronomen **самый**	69 (1–2)
Das Fragepronomen **чей**	70 (5)

c) Die Präposition при = bei, an; in unmittelbarer Nähe von .. 71 (2–3)

11 a) **Das Substantiv:**

   Die Deklination männlicher Substantive auf **-ий** 71 (1)

b) **Das Pronomen:**

   Die verneinenden Pronomen 71 (1)

c) **Das Zahlwort:**

   Zur Deklination der Grundzahlwörter (II) 72 (2–3)
   Die Grundzahlwörter **пятьдеся́т ... во́семьдесят** 72 (2–3)
   Die Grundzahlwörter **со́рок, девяно́сто** und **сто** 73 (2–3)
   Die Grundzahlwörter **две́сти, три́ста, четы́реста, пятьсо́т
   ... девятьсо́т** 73 (2–3)
   Die Deklination zusammengesetzter Zahlen 73 (2–3)

d) **Die Präposition про́тив** = gegenüber; gegen............. 74 (2)

e) **Das Pronomen:**

   Zur Bildung unbestimmter Pronomen 74 (4)

f) **Die ungefähre Zahlenangabe** 75 (5)

g) **Das Verb:**

   Die Partizipien des Aktivs 75 (5)
   Das Partizip Präsens Aktiv 75 (5)
   Das Partizip Präteritum Aktiv.......................... 76 (5)
   Die Deklination der Partizipien des Aktivs 77 (5)
   Partizipien von reflexiven Verben 78 (5)
   Zum Gebrauch der Partizipien des Aktivs 78 (5)
   Die Adverbialpartizipien 79 (5)
   Das Adverbialpartizip auf **-я (-а)** 79 (5)
   Das Adverbialpartizip auf **-в, -вши; -ши** 79 (5)
   Zum Gebrauch der Adverbialpartizipien 80 (5)

12 a) **Das Verb:**

   Die Partizipien des Passivs 81 (3–4)
   Das Partizip Präsens Passiv 81 (3)
   Das Partizip Präteritum Passiv 82 (3–4)
   Die Deklination der Partizipien des Passivs 87 (3–4)
   Zum Gebrauch der Partizipien des Passivs 87 (3–4)
   Partizip – Adjektiv – Substantiv 88

b) **Die Präposition ми́мо** = an ... vorbei; an ... vorüber 88 (3)

a) Das Adjektiv

Harte und weiche Deklination   1—2

Мы говори́ли с но́в<u>ым</u> дире́ктором и с молод<u>о́й</u> учи́тельницей. Москва́ — столи́ца Сове́тск<u>ого</u> Сою́за. Э́то центр Сове́тск<u>ой</u> страны́. В сове́тск<u>ую</u> столи́цу летя́т самолёты. Э́то го́род с но́в<u>ыми</u> дома́ми, широ́к<u>ими</u> у́лицами. У нас бы́ли ле́тн<u>ие</u> кани́кулы. Во вре́мя ле́тн<u>их</u> кани́кул Пе́тя отдыха́л в ма́леньк<u>ой</u> дере́вне. Де́вочки отдыха́ли у Балти́йск<u>ого</u> мо́ря до после́дн<u>его</u> дня кани́кул. Инжене́р жил в го́роде Го́рьк<u>ом</u>.

Vom Schriftbild ausgehend kann man die Adjektive in zwei Gruppen (Deklinationen) einteilen. Die Formen des Nominativs lauten:

1. harte Deklination (harter Stammauslaut)

Nominativ	Singular			Plural
	männlich	weiblich	sächlich	alle 3 Geschlechter
stammbetont endungsbetont	но́вый молодо́й	но́вая молода́я	но́вое молодо́е	но́вые молоды́е

2. weiche Deklination (weicher Stammauslaut)

Nominativ	ле́тний	ле́тняя	ле́тнее	ле́тние

Die Deklination der Adjektive im Singular und Plural   1—2
hart stammbetont

Kasus	Singular			Plural
	männlich	sächlich	weiblich	alle 3 Geschlechter
N.	но́вый	но́вое	но́вая	но́вые
G.	но́вого		но́вой	но́вых
D.	но́вому		но́вой	но́вым
A.	но́вый (но́вого)	но́вое	но́вую	но́вые (но́вых)
I.	но́вым		но́вой	но́выми
P.	о но́вом		о но́вой	о но́вых

hart endungsbetont

Kasus	Singular			Plural
	männlich	sächlich	weiblich	alle 3 Geschlechter
N.	молод**о́й**	молод**о́е**	молод**а́я**	молод**ы́е**
G.	молод**о́го**		молод**о́й**	молод**ы́х**
D.	молод**о́му**		молод**о́й**	молод**ы́м**
A.	молод**о́й**	молод**о́е**	молод**у́ю**	молод**ы́е**
	(молод**о́го**)			(молод**ы́х**)
I.	молод**ы́м**		молод**о́й**	молод**ы́ми**
P.	о молод**о́м**		о молод**о́й**	о молод**ы́х**

weich

N.	ле́тн**ий**	ле́тн**ее**	ле́тн**яя**	ле́тн**ие**
G.	ле́тн**его**		ле́тн**ей**	ле́тн**их**
D.	ле́тн**ему**		ле́тн**ей**	ле́тн**им**
A.	ле́тн**ий**	ле́тн**ее**	ле́тн**юю**	ле́тн**ие**
	(ле́тн**его**)			(ле́тн**их**)
I.	ле́тн**им**		ле́тн**ей**	ле́тн**ими**
P.	о ле́тн**ем**		о ле́тн**ей**	о ле́тн**их**

Merke: Bei Adjektiven, deren Stamm auf einen Zischlaut (ж, ш, щ, ч), auf ц oder auf г, к, х ausgeht, sind die bekannten Regeln zur Rechtschreibung zu beachten (vgl. Gramm. Beiheft 1, S. 16 und 19).

N.	хоро́ш**ий**	хоро́ш**ее**	хоро́ш**ая**	хоро́ш**ие**
G.	хоро́ш**его**		хоро́ш**ей**	хоро́ш**их**
D.	хоро́ш**ему**		хоро́ш**ей**	хоро́ш**им**
A.	хоро́ш**ий**	хоро́ш**ее**	хоро́ш**ую**	хоро́ш**ие**
	(хоро́ш**его**)			(хоро́ш**их**)
I.	хоро́ш**им**		хоро́ш**ей**	хоро́ш**ими**
P.	о хоро́ш**ем**		о хоро́ш**ей**	о хоро́ш**их**

Sprich: **но́вого** wie [nówowo]
       ле́тнего wie [lʲétnʲewo]
       хоро́шего wie [choróschewo]

Bildung des Superlativs   1—2

Красная площадь — самая старая площадь в Москве. Этот завод — самый большой в городе. Нина в классе самая маленькая.

Der Superlativ kann gebildet werden, indem man vor das Adjektiv das bestimmende Pronomen **самый, -ая, -ое; -ые** setzt.

Самый muß mit dem zugehörigen Adjektiv in Geschlecht, Zahl und Fall übereinstimmen.

b) Das Substantiv

Die Deklination männlicher Substantive auf -й (außer -ий)   1—2

Vgl. auch Gramm. Beiheft 1, S. 42.

В Москве много театров и музеев. По широким улицам бегут трамва_и_, автомобили, автобусы. Ученики говорили о московских театрах и музе_ях_. Мы видели Андре_я_.

Kasus	Singular	Plural
N.:	музей	музеи
G.	музея	музеев
D.	музею	музеям
A.	музей	музеи
I.	музеем	музеями
P.	о музее	о музеях

c) Das Verb

Das reflexive Verb   3

Наша квартира находит_ся_ в первом этаже. Мама умывает и одевает Колю. Я быстро умываю_сь_ и одеваю_сь_. Надо ему умывать_ся_. Вера находила_сь_ в кухне. Мы сади_мся_ за стол. Сади_сь_! Сади_тесь_! Друзья находили_сь_ в Москве.

Reflexive Verben werden gebildet, indem man an die Konjugationsformen **-ся** bzw. **-сь** anfügt. Nach Konsonanten steht **-ся**, nach Vokalen **-сь**.

Inf.	умыва́ться	sich waschen
Präs.	я умыва́юсь	ich wasche mich
	ты умыва́ешься	du wäschst dich
	он умыва́ется	er wäscht sich
	мы умыва́емся	wir waschen uns
	вы умыва́етесь	ihr wascht euch, Sie waschen sich
	они́ умыва́ются	sie waschen sich
Prät.	он умыва́лся	er wusch sich, er hat (hatte) sich
	она́ умыва́лась	sie wusch sich [gewaschen
	они́ умыва́лись	sie wuschen sich
Imp.	умыва́йся!	wasch dich!
	умыва́йтесь!	wascht euch! (waschen Sie sich!)

Im Deutschen wechselt das Reflexivpronomen mit der Person, im Russischen stehen -ся bzw. -сь in allen Personen. Die Endungen -ся bzw. -сь sind eine Verkürzung des Akkusativs себя́ des Reflexivpronomens.

Beispiele: я одева́ю себя́ = я одева́юсь
он одева́ет себя́ = он одева́ется

Merke: Die Endung des Infinitivs und die Endungen der 3. Person Singular und Plural (-ться; -тся) werden ausnahmsweise mit einem harten s gesprochen. Das с verschmilzt mit dem т zu einem langen ц.

Sprich: умыва́ется wie [умыва́ецца]

Zur Bildung des Passivs 3

Там, где мы ра́ньше жи́ли, стро́ится большо́й заво́д. Всю́ду стро́ятся но́вые дома́. Кино́ открыва́ется в восемна́дцать часо́в. Библиоте́ка закрыва́ется по́здно ве́чером.

Mit -ся bzw. -сь kann auch das Passiv ausgedrückt werden. Das Verb steht als Prädikat dann in der 3. Person. Das zugehörige Subjekt ist eine Sache (unbelebt).

Die Bildung intransitiver Verben mit -ся *bzw.* -сь 3

Я начинáю рабóту в семь часóв утрá. Мы кончáем рабóту в семнáдцать часóв. Шкóла начинáе<u>тся</u> в вóсемь часóв и кончáе<u>тся</u> в час.

Transitive Verben, d. h. Verben mit direktem Objekt, können durch Anfügen von -ся bzw. -сь intransitiv werden.

Unregelmäßige Konjugation 3

есть = essen			
Präsens	ем	Präteritum	ел
	ешь		éла
	ест		éло
			éли
	едим		
	едите	Imperativ	ешь
	едят		éшьте

Sprich: есть wie [есьть]

Konsonantenwechsel 1—3

Bei Verben, deren Präsensstamm auf einen Konsonanten ausgeht, findet im Präsens häufig ein Wechsel der Stammkonsonanten statt (vgl. Gramm. Beiheft 1, S. 12).

д	wird zu	ж	видеть — вижу — видишь
к, т	werden zu	ч	плáкать — плáчу — плáчешь летéть — лечý — летúшь
с	wird zu	ш	писáть — пишý — пишешь висéть — вишý — висишь

Die Lippenlaute б, п, в, ф, м werden zu бл, пл, вл, фл, мл.

Beispiele: любúть — люблю́ — лю́бишь
готóвить — готóвлю — готóвишь

Der Konsonantenwechsel erfolgt bei Verben der e-Konjugation im ganzen Präsens, bei Verben der и-Konjugation nur in der 1. Person Singular des Präsens.

d) **Die Präpositionen** под = unter; in der Nähe von   1
                            перед = vor   1
                            для   = für *zu jemandes Nutzen*   3
                            без   = ohne   3

Под городом быстро идут поезда метро. Нина с родителями отдыхала в деревне под Москвой.

Nach der Präposition под steht, wenn sie auf die Frage где? antwortet, der Instrumental.

Merke: подо мной bzw. подо мною.

Перед Кремлём — Красная площадь. Кто сидит перед тобой? Передо мной сидят Катя и Варя.

Nach der Präposition перед steht der Instrumental. Перед wird in Verbindung mit seinem Beziehungswort nur schwach betont.

Merke: передо мной bzw. передо мною.

Мама готовит для нас завтрак. У почтальона есть письма для отца. Отец пьёт кофе без сахара. Надя была в классе без книг.

Nach den Präpositionen для und без steht der Genitiv.

e) **Vornamen und ihre Verkleinerungsformen**

Zu sehr vielen russischen Vornamen werden, meist durch Verkürzung, Verkleinerungsformen (Koseformen) gebildet.

Einige häufiger gebrauchte Namen mit ihren Ableitungen lauten:

männliche Vornamen		*weibliche Vornamen*	
Александр	— Саша, Шура	Аглая	— Глаша
Алексей	— Алёша, Лёша	Александра	— Саша, Шура
Анатолий	— Толя	Анастасия	— Настя
Андрей	— Андрюша	Анна	— Аня, Анюта
Антон	— Тоня	Антонина	— Тоня, Нина
Борис	— Боря	Валентина	— Валя
Василий	— Вася	Варвара	— Варя
Виктор	— Витя	Галина	— Галя
Владимир	— Володя, Вова	Дарья	— Даша

männliche Vornamen		*weibliche Vornamen*	
Григо́рий	— Гри́ша	Екатери́на	— Ка́тя
Дми́трий	— Ми́тя, Ди́ма	Еле́на	— Ле́на, Лёля
Евге́ний	— Жёня, Ге́ня	Елизаве́та	— Ли́за
Ива́н	— Ва́ня	Зинаи́да	— Зи́на
Илья́	— Илю́ша	Ири́на	— И́ра
Константи́н	— Ко́стя	Кла́вдия	— Кла́ва
Лев	— Лёва	Любо́вь	— Лю́ба
G. Льва		G. Любо́ви	
Михаи́л	— Ми́ша	Мари́я	— Ма́ша, Ма́ня
Никола́й	— Ко́ля	Наде́жда	— На́дя
Па́вел	— Па́ша	Ната́лия	— Ната́ша, На́та
G. Па́вла		Олимпиа́да	— Ли́па
Пётр	— Пе́тя	О́льга	— Лёля, О́ля
G. Петра́		Пелаге́я	— По́ля
Рома́н	— Ро́ма	Праско́вия	— Пара́ша, Па́ша
Серге́й	— Серёжа	Со́фия	— Со́ня
Степа́н	— Стёпа	Татья́на	— Та́ня
Фёдор	— Фе́дя	Улья́на	— У́ля
Ю́рий	— Ю́ра	Федо́сия	— Фе́ня
Яков	— Я́ша	Ю́лия	— Ю́ля
		Яросла́ва	— Сла́ва

Männliche und weibliche verkürzte Vornamen zeigen gleiche Endungen: -a bzw. -я.
Einige Verkleinerungsformen werden für beide Geschlechter gebraucht. Ursprüngliche Ableitungen können z. T. durch weitere Ableitungsendungen verändert werden, z. B. Екатери́на — Ка́тя — Ка́тенька — Катю́ша.

a) Die Zahlwörter

Die Ordnungszahlen 1—100   1

Это на́ша пе́рвая пое́здка в Сове́тский Сою́з. На́ша семья́ живёт в Га́мбурге уже́ четвёртый год. Учи́тель неда́вно второ́й раз был в Тбили́си. Пе́рвые дни весны́, пого́да хоро́шая. Октя́брь — деся́тый, а декабрь — двена́дцатый ме́сяц го́да.

пе́рвый, -ая, -ое; -ые	1. der (die, das) erste; die ersten
второ́й, -а́я, -о́е; -ы́е	2. der (die, das) zweite; die zweiten
тре́тий, -ья, -ье; -ьи	3. der (die, das) dritte; die dritten
четвёртый, -ая, -ое; -ые	4. der (die, das) vierte; die vierten

пя́тый	5. der fünfte
шесто́й	6. der sechste
седьмо́й	7. der siebte
восьмо́й	8. der achte
девя́тый	9. der neunte
деся́тый	10. der zehnte
оди́ннадцатый	11. der elfte
двена́дцатый	12. der zwölfte
трина́дцатый	13. der dreizehnte
четы́рнадцатый	14. der vierzehnte
пятна́дцатый	15. der fünfzehnte
шестна́дцатый	16. der sechzehnte
семна́дцатый	17. der siebzehnte
восемна́дцатый	18. der achtzehnte
девятна́дцатый	19. der neunzehnte
двадца́тый	20. der zwanzigste
два́дцать пе́рвый	21. der einundzwanzigste
два́дцать второ́й	22. der zweiundzwanzigste
два́дцать тре́тий	23. der dreiundzwanzigste
тридца́тый	30. der dreißigste
сороково́й	40. der vierzigste
пятидеся́тый	50. der fünfzigste
шестидеся́тый	60. der sechzigste
семидеся́тый	70. der siebzigste
восьмидеся́тый	80. der achtzigste
девяно́стый	90. der neunzigste
со́тый	100. der hundertste

Die Ordnungszahlen haben Endungen der Adjektive. Merke besonders:

Kasus	männlich	sächlich	weiblich
N.	тре́тий	тре́тье	тре́тья
G.	тре́тьего		тре́тьей
D.	тре́тьему		тре́тьей
A.	тре́тий (тре́тьего)	тре́тье	тре́тью
I.	тре́тьим		тре́тьей
P.	о тре́тьем		о тре́тьей

Plural: N. тре́тьи, G. тре́тьих, D. тре́тьим *usw*.

Das Datum (I)

1

Какое сегодня число? Сегодня четверг, пятое (число) марта. Вчера было четвёртое марта, а завтра будет шестое марта. Сегодня двадцать третье июня. Сегодня девятнадцатое сентября.

Man fragt: „Какое число?" = wörtl. „Was für ein Datum (ist)?" Die Antwort kann z. B. lauten: „Сегодня тридцатое число декабря". = wörtl. „Heute ist das dreißigste Datum des Dezember". In der Umgangssprache ist es üblich, **число** wegzulassen.

Beachte: Ordnungszahlen in Ziffern werden, im Unterschied zum Deutschen, ohne Punkt geschrieben. Beispiel: Вчера было 5 августа. Möglich ist auch die Schreibweise: **5-ое августа**.

b) Das Pronomen

Die Deklination der Possessivpronomen **мой, твой; наш, ваш** *im Singular und Plural*

2

От нашего дома до моей школы недалеко. Перед нашим домом остановка автобуса. Я еду на моём велосипеде. Я снимаю мою шапку. Отец сидит в моём кресле. Мы летим в Берлин с нашей учительницей. У моих друзей зимние каникулы. В понедельник она говорила с твоими родителями.

	1. Person Singular			1. Person Plural		
	Singular		Plural	Singular		Plural
	männl. sächl.	weibl.	f. alle 3 Geschl.	männl. sächl.	weibl.	f. alle 3 Geschl.
N.	мой моё	моя	мои	наш наше	наша	наши
G.	моего	моей	моих	нашего	нашей	наших
D.	моему	моей	моим	нашему	нашей	нашим
A.	мой моё (моего)	мою	мои (моих)	наш наше (нашего)	нашу	наши (наших)
I.	моим	моей	моими	нашим	нашей	нашими
P.	о моём	о моей	о моих	о нашем	о нашей	о наших

Beachte: 1. Neben **моéй** und **нáшей** werden im Instrumental auch **моéю** und **нáшею** gebraucht.
2. Wie **мой** wird auch **твой** (2. Person Singular) dekliniert.
Wie **наш** wird auch **ваш** (2. Person Plural) dekliniert.
3. Die Formen von **мой, твой** sind endungsbetont, die von **наш** und **ваш** sind stammbetont.

Sprich: моегó wie [majewó]   нáшего wie [náschewo]
твоегó wie [twajewó]   вáшего wie [wáschewo]

Merke: Die Formen von **ваш** = *euer* werden auch in der Bedeutung von „*Ihr*" (Höflichkeitsform) gebraucht. Beispiel: **Привéт Вáшему отцý.** = Einen Gruß Ihrem (an Ihren) Vater.

c) Das Substantiv

Die Deklination weiblicher Substantive auf **-ия** *(Singular)* 2—3

Вот, напримéр, Гермáния и А́нглия. Я покáзываю на глóбусе Гермáнию и А́нглию. Лéтом мы летим во Фрáнцию. Нáдя охóтно занимáется физикой и химией. Преподавáтель расскáзывал об истории Гермáнии. Мы бы́ли в А́нглии.

Kasus	Singular
N.	история
G.	истории
D.	истории
A.	историю
I.	историей
P.	об истории

Die Deklination weiblicher Substantive auf **-ь** *(**и**-Deklination)* 3

Миша покáзывает дрýгу на глóбусе чáсти свéта. Мы говорили о Европéйской чáсти Совéтского Сою́за. Территóрия СССР занимáет большу́ю часть Еврóпы. Ирина пишет в нóвой тетрáди. Шкóльники стоя́ли перед двéрью в класс. Москвичи шли по Крáсной плóщади.

Kasus	Singular	Plural
N.	часть	чáсти
G.	чáсти	частéй
D.	чáсти	частя́м
A.	часть	чáсти
I.	чáстью	частя́ми
P.	о чáсти	о частя́х

Da die weiblichen Substantive vom Typ **часть** im Genitiv, Dativ und Präpositiv Singular die Endung **-и** haben, nennt man ihre Deklination auch **и**-Deklination.
Im Plural gleichen die Endungen denen der männlichen Substantive vom Typ **автомобиль**. Vgl. Gramm. Beiheft 1, S. 42.
Um zu wissen, ob ein Substantiv auf **-ь** zur **и**-Deklination gehört, muß man entweder sein Geschlecht kennen oder aber die Form des Genitivs mitlernen.

Von den bereits bekannten Substantiven gehören zur **и**-Deklination: **тетрáдь, дверь, óсень, плóщадь**.

Merke: 1. Viele Substantive der **и**-Deklination, die im Singular und im Nominativ Plural stammbetont sind, verlegen im Genitiv, Dativ, Instrumental und Präpositiv den Akzent auf die Endung (vgl. **часть**). Beispiele:

N.	двéри	плóщади
G.	дверéй	площадéй
D.	дверя́м	площадя́м
A.	двéри	плóщади
I.	дверя́ми	площадя́ми
P.	о дверя́х	о площадя́х

2. Das Substantiv **дверь** kann im Instrumental Plural auch die Endung **-ьми (дверьми́)** haben.

d) Zur Wortbildung

Im Russischen wie im Deutschen kann man die meisten Wörter in ihre Bestandteile zerlegen.
Im allgemeinen unterscheidet man: Wurzel, Präfix (Vorsilbe), Suffix (Nachsilbe); Stamm und Endung.

1. Wurzel

Die Wurzel als Träger der Grundbedeutung eines Wortes kann mitunter dessen einziger Bestandteil sein. Beispiel: **друг**.

2. Stamm

Tritt zur Wurzel noch ein Präfix oder ein Suffix (bzw. treten zur Wurzel Präfix und Suffix), so entsteht der Stamm eines Wortes. Die Wortbedeutung wird durch das Präfix bzw. das Suffix mitbestimmt. Beispiele:

Präfix	Wurzel	Suffixe			Endung
	уч	и	тель		
	уч	и	тель	ниц	а
	уч	еб	н	ик	
	уч	еб	н		ый
из	уч	а			ть

3. Endung

Die Endungen sind veränderlich. Sie geben u. a. die Personen und den Kasus an.

Konjugation	Stamm			
Person	Präfix	Wurzel	Suffix	Endung
1. P.S. Präs.	от	кры	ва	ю
2. P.	от	кры	ва	ешь
Infinitiv	от	кры	ва	ть

Deklination	Stamm		
Kasus	Präfix	Wurzel	Endung
N.S.	по	друг	а
G.	по	друг	и
D.	по	друг	е

Beachte: Ein Stamm kann sich nach den Regeln des Konsonantenwechsels verändern. Vgl. S. 11.

a) Das Substantiv

Die Deklination weiblicher Substantive auf **-ия** *(Plural)* **1**

Kasus	Plural
N.	фотогра́фии
G.	фотогра́фий
D.	фотогра́фиям
A.	фотогра́фии
I.	фотогра́фиями
P.	о фотогра́фиях

Преподава́тель показа́л нам мно́го фотогра́фий. Мы сде́лали не́сколько экску́рсий в центр сове́тской столи́цы. В коридо́ре висе́ли фотогра́фии. У меня́ есть альбо́м с фотогра́фиями.

Die Deklination sächlicher Substantive auf **-ие** **1**

На Кра́сной пло́щади нахо́дится зда́ние ГУМа. Мы осмотре́ли други́е зда́ния. На у́лице Го́рького мно́го высо́ких зда́ний. Мы побыва́ли в краси́вом зда́нии музе́я.

Kasus	Singular	Plural
N.	зда́ние	зда́ния
G.	зда́ния	зда́ний
D.	зда́нию	зда́ниям
A.	зда́ние	зда́ния
I.	зда́нием	зда́ниями
P.	о зда́нии	о зда́ниях

b) Das Verb

Die Aspekte **1—2**

Мой друг расска́зывал о пое́здке во Фра́нцию.

Mein Freund erzählte von der Reise nach Frankreich.

Ле́том ученики́ на́шей шко́лы ча́сто де́лали экску́рсии.

Im Sommer machten die Schüler unserer Schule oft Ausflüge.

Наш преподава́тель рассказа́л нам об экску́рсии в центр Москвы́.

Unser Lehrer erzählte uns von einem Ausflug in das Zentrum von Moskau.

Мы сде́лали не́сколько экску́рсий в ста́рый музе́й.

Wir machten einige Exkursionen in das alte Museum.

Мы ви́дели сте́ны и ба́шни Кремля́.

Мы уви́дели сте́ны и ба́шни Кремля́.

Wir sahen die Mauern und Türme des Kreml.

Wir sahen (erblickten) die Mauern und Türme des Kreml.

Здесь ра́ньше стро́или трамва́и и авто́бусы.

Недалеко́ от па́мятника постро́или большо́й теа́тр.

Hier hat man früher Straßenbahnen und Autobusse gebaut.

Nicht weit vom Denkmal hat man ein großes Theater gebaut (erbaut).

Eine Tätigkeit (eine Handlung, ein Geschehen) kann im Russischen sehr oft durch zwei Verben ausgedrückt werden. Die beiden in der Form verschiedenen Verben haben gleiche Bedeutung.

Der Gebrauch des einen oder des anderen Verbs wird bestimmt:

durch die Sicht (Betrachtungsweise) des Sprechenden auf den Verlauf der Tätigkeit (der Handlung, des Geschehens) und durch den Sinnzusammenhang der sprachlichen Aussage.

Nach der Sicht des Sprechenden auf den Verlauf der Tätigkeit (der Handlung, des Geschehens) unterscheidet man Verben, die

a) eine unvollendete Tätigkeit (eine unvollendete Handlung, ein unvollendetes Geschehen) bezeichnen, von solchen die

b) eine vollendete Tätigkeit (eine vollendete Handlung, ein vollendetes Geschehen) bezeichen.

Man spricht von Verben im unvollendeten Aspekt und von Verben im vollendeten Aspekt (*lateinisch* aspectus = Blick, Anblick; Sicht).

Vollendete Verben werden im Lehrbuch mit *vo.* kenntlich gemacht, unvollendete bleiben unbezeichnet.

Der unvollendete Aspekt 1—2

1. Преподава́тель пока́зывал ученика́м фотогра́фии. На заво́де ра́ньше стро́или авто́бусы. Ни́на чита́ла интере́сную кни́гу.

Die Verben пока́зывать, стро́ить und чита́ть sind unvollendet. Sie bezeichnen die Handlung in ihrem Ablauf, in ihrer Dauer oder Fortdauer.

2. Во время каникул мы каждое утро <u>занимались</u> спортом. Летом ученики нашей школы часто <u>делали</u> экскурсии.

Die Verben **заниматься** und **делать** sind unvollendet. Sie bezeichnen sich wiederholende Handlungen.

3. Пётр Иванович плохо <u>видел</u>.

Das Verb **видеть** ist unvollendet. Es bezeichnet die Handlung ganz allgemein.

Der vollendete Aspekt 1—2

1. Недалеко от памятника <u>построили</u> большой кинотеатр. Нина <u>прочитала</u> книгу.

Die Verben **построить** und **прочитать** sind vollendet. Sie bezeichnen die Handlung bzw. Tätigkeit im Hinblick auf ihr Ergebnis, im Hinblick auf ihre Vollendung.

2. Преподаватель сперва <u>рассказал</u> ученикам об экскурсии в центр Москвы, потом он им <u>показал</u> несколько фотографий.

Die Verben **рассказать** und **показать** sind vollendet. Sie bezeichnen die Handlung als zeitlich begrenzt. Anfang und Ende der Handlung sind als Ganzes in die Betrachtungsweise einbezogen.

3. Когда мы <u>приехали</u> на Красную площадь, мы <u>увидели</u> стены и башни Кремля.

Die Verben **приехать** und **увидеть** sind vollendet. Während für den Gebrauch von **приехать** die unter 1. genannten Merkmale zutreffen, bezeichnet **увидеть** den Beginn einer Handlung. Der Beginn wird in zeitlicher Begrenzung als vollendetes Geschehen betrachtet.

4. Виктор долго не приходил к нам, но вчера вечером он <u>пришёл</u>.

Das Verb **прийти** ist vollendet. Es bezeichnet eine auf einen bestimmten Einzelfall bezogene Handlung.

Zusammenfassung 1—2

unvollendete Verben	vollendete Verben
Dauer Fortdauer Wiederholung	Vollendung (Ergebnis) zeitliche Begrenzung Beginn
allgemeine Aussage	auf einen bestimmten Einzelfall bezogene Handlung

Merke: Der Gebrauch eines unvollendeten bzw. eines vollendeten Verbs hängt von der Sicht des Sprechenden auf den Verlauf der Handlung ab, wird also durch eine persönliche (subjektive) Auffassung mitbestimmt. Völlig eindeutige Regeln lassen sich daher nicht ableiten. So können zur Erklärung des Gebrauchs eines Verbs im unvollendeten bzw. im vollendeten Aspekt häufig verschiedene Merkmale zugleich genannt werden.

Merkmale zum Gebrauch des unvollendeten und Merkmale zum Gebrauch des vollendeten Aspekts schließen einander aber im Regelfalle aus.

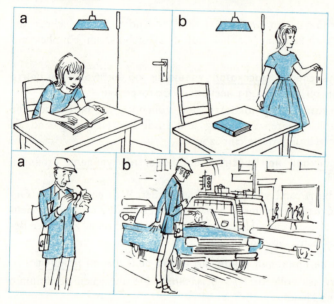

a) Нина читала книгу.
b) Нина прочитала книгу.

a) Пётр Иванович плохо видел.
b) Пётр Иванович увидел автомобиль.

Die Tempusformen der Aspekte   1—4

Друзья пойдут в клуб.	Die Freunde werden in den Klub gehen.
Я тебе покажу мои фотографии.	Ich werde dir meine Fotos zeigen.
Скоро увидимся.	Wir werden uns bald (wieder-)sehen.

In der Gegenwart, die stets andauert, ist eine Tätigkeit (eine Handlung, ein Geschehen) nur als unvollendet denkbar.

Vollendete Verben bilden daher kein Präsens. Ihre Präsensformen haben Futurbedeutung.

Aspekte und Tempusformen			
	Präteritum	Präsens	Futur
unvollendeter Aspekt	Мы стро́или дом. Wir bauten ein Haus.	Мы стро́им дом. Wir bauen ein Haus.	Мы бу́дем стро́ить дом. Wir werden ein Haus bauen.
vollendeter Aspekt	Мы постро́или дом. Wir bauten (erbauten) ein Haus. Wir haben (hatten) ein Haus gebaut.		Мы постро́им дом. Wir werden ein Haus bauen (erbauen). Wir werden ein Haus gebaut haben.

Merke: Das Präteritum eines unvollendeten Verbs wird im allgemeinen durch das deutsche Imperfekt ausgedrückt.

Beachte: Die Bildung eines zusammengesetzten Futurs von vollendeten Verben ist nicht möglich.

Vorkommen und Bildung vollendeter und unvollendeter Verben

Die meisten russischen Verben kommen im vollendeten (perfektiven) und im unvollendeten (imperfektiven) Aspekt vor.

1. Es gibt Verben, die bei gleicher Bedeutung sog. Aspektpaare bilden. Bereits bekannt sind:

unvollendet	deutsche Bedeutung	vollendet
ви́деть	sehen	уви́деть
де́лать	machen	сде́лать
начина́ться	anfangen, *intrans.*	нача́ться
пока́зывать	zeigen	показа́ть
приходи́ть	kommen	прийти́
расска́зывать	erzählen	рассказа́ть
стро́ить	bauen	постро́ить
чита́ть	lesen	прочита́ть

Beachte: Einfache Verben (ohne Präfix) sind meist unvollendet.
Beispiele:

бежа́ть	есть (essen)	люби́ть	сиде́ть
брать	е́хать	мочь	смотре́ть
везти́	жить	нести́	спать
вести́	звать	обе́дать	сто́ить
ви́деть	знать	петь	стоя́ть
висе́ть	зна́чить	писа́ть	стро́ить
говори́ть	игра́ть	пить	счита́ть
гото́вить	идти́	пла́вать (плыть)	у́жинать
гуля́ть	класть	пла́кать	уме́ть
де́лать	лежа́ть	рабо́тать	хоте́ть
ду́мать	лете́ть	свети́ть	чита́ть

Merke: Zu einigen dieser Verben wird die vollendete Entsprechung durch Vorsetzen eines bedeutungsleeren Präfixes gebildet. Beispiele:

Präfix	unvollendet	deutsche Bedeutung	vollendet
по-	гуля́ть	spazieren gehen	погуля́ть
	ду́мать	denken	поду́мать
	за́втракать	frühstücken	поза́втракать
	звать	rufen	позва́ть
	обе́дать	zu Mittag essen	пообе́дать
	смотре́ть	schauen	посмотре́ть
	стро́ить	bauen	постро́ить
	у́жинать	zu Abend essen	поу́жинать
	чу́вствовать	fühlen	почу́вствовать
с-	де́лать	machen	сде́лать
	мочь	können	смочь
	петь	singen	спеть
за-	хоте́ть	wünschen	захоте́ть
на-	писа́ть	schreiben	написа́ть
про-	чита́ть	lesen	прочита́ть
у-	ви́деть	sehen	уви́деть

2. Es gibt Verben, die nur im unvollendeten Aspekt vorkommen.
Bereits bekannt sind:

бывáть	любúть
бежáть (laufen)	наблюдáть
везтú (transportieren)	находúться (sich befinden)
вестú	нестú (tragen)
висéть (hängen, *intrans*.)	плáвать
готóвить	плыть
éхать	плáкать
жить	рабóтать
знать	сидéть
знáчить	спать
идтú	стóить
лежáть	стоя́ть
летéть	умéть

Merke: Alle Verben der Bewegung ohne Präfixe kommen nur unvollendet vor, vgl. éхать, идтú, летéть.
Die Präsensformen dieser Verben können mit Futurbedeutung gebraucht werden. Beispiele:

Мы зáвтра éдем.	Wir fahren morgen *bzw.* werden morgen fahren.
Я идý зáвтра в шкóлу.	Ich gehe morgen zur Schule *bzw.* werde morgen zur Schule gehen.
Он послезáвтра летúт в Минск.	Er fliegt übermorgen nach Minsk *bzw.* wird übermorgen nach Minsk fliegen.

3. Es gibt Verben, die nur im vollendeten Aspekt vorkommen.
Bereits bekannt sind:

побывáть	*eine Zeitlang* weilen *(an verschiedenen Orten)*
поéхать	losfahren
пойтú	losgehen
полетéть	losfliegen

Merke: Die angeführten Verben haben alle das Präfix **по-**. Der Bedeutungsunterschied zu den unvollendeten Verben ohne Präfix ist aber gering. **По-** drückt aus, daß a) die Handlung in zeitlicher Begrenzung erfolgt: **побывáть** oder b) daß die Handlung beginnt: **поéхать**.

Beachte: Das Präfix **по-** (hier in der Bedeutung: *eine Zeitlang* bzw. *los-*) bewirkt zwar eine nur geringe Bedeutungsveränderung des einfachen unvollendeten Verbs, diese bestimmt aber den Aspekt.

Der Sprechende hat in einem solchen Falle nicht die Möglichkeit zu einer persönlichen Betrachtung des Handlungsverlaufes. Der Aspekt wird durch die Verbbedeutung festgelegt. Entsprechende Bildungen mit **по-** sind häufig:

unvollendet	vollendet (zeitliche Begrenzung der Handlung)	deutsche Bedeutung
говори́ть	поговори́ть	*eine Zeitlang* sprechen
жить	пожи́ть	*eine Zeitlang* leben
игра́ть	поигра́ть	*eine Zeitlang* spielen
лежа́ть	полежа́ть	*eine Zeitlang* liegen
пла́вать	попла́вать	*eine Zeitlang* schwimmen
пла́кать	попла́кать	*eine Zeitlang* weinen
рабо́тать	порабо́тать	*eine Zeitlang* arbeiten
сиде́ть	посиде́ть	*eine Zeitlang* sitzen
спать	поспа́ть	*eine Zeitlang* schlafen
стоя́ть	постоя́ть	*eine Zeitlang* stehen·
unvollendet	vollendet (Beginn der Handlung)	deutsche Bedeutung
бежа́ть	побежа́ть	loslaufen
люби́ть	полюби́ть	zu lieben beginnen, liebgewinnen
нести́	понести́	sich anschicken zu tragen

c) Die Präposition вокру́г = um ... herum   2

Тру́дно полете́ть вокру́г Земли́. Това́рищи сиде́ли вокру́г стола́.

Nach der Präposition **вокру́г** steht der Genitiv.

d) Das Pronomen

Die Deklination des Fragepronomens **какой** *und des Demonstrativpronomens* **такой** *im Singular und Plural* 2—5

Как<u>о</u>й сегодня день? Как<u>о</u>е сегодня число? В как<u>о</u>м году вы были в Англии? О каки<u>х</u> морях рассказывал Миша? Из как<u>о</u>й книги читал Коля? Полететь на Луну в так<u>о</u>м большом космическом корабле — очень трудно. Таки<u>е</u> корабли строятся в Америке и в СССР.

Kasus	Singular			Plural
	männlich	sächlich	weiblich	alle 3 Geschlechter
N.	какой	какое	какая	какие
G.		какого	какой	каких
D.		какому	какой	каким
A.	какой (какого)	какое	какую	какие (каких)
I.		каким	какой	какими
P.		о каком	о какой	о каких

Какой und **такой** werden wie Adjektive dekliniert.

Sprich: какого wie [kakówo]
         такого wie [takówo]

Merke: **Что такое?** Was gibt es? Was ist geschehen?

e) Das Datum (II) 3/5

Это было в 1961 (тысяча девятьсот шестьдесят первом) году. Гагарин и Шепард полетели в космос в апреле и мае 1961 (тысяча девятьсот шестьдесят первого) года.

Die Jahreszahl wird aus Grundzahlen und einer stets am Schluß stehenden Ordnungszahl gebildet. Die Jahreszahl kommt nur in Verbindung mit **год** vor. Während die Grundzahlen unverändert bleiben, muß die Ordnungszahl in Geschlecht, Kasus und Numerus mit **год** übereinstimmen. Vgl. Gramm. Beiheft 1, S. 34.

Kasus	Deklination der Jahreszahl 1966			
N.	ты́сяча девятьсо́т шестьдеся́т	шесто́й	год	
G.	ты́сяча девятьсо́т шестьдеся́т	шесто́го	го́да	
D.	ты́сяча девятьсо́т шестьдеся́т	шесто́му	го́ду	
A.	ты́сяча девятьсо́т шестьдеся́т	шесто́й	год	
I.	ты́сяча девятьсо́т шестьдеся́т	шесты́м	го́дом	
P.	о ты́сяча девятьсо́т шестьдеся́т	шесто́м	го́де	
	в ты́сяча девятьсо́т шестьдеся́т	шесто́м	году́	

Па́вел, когда́ ты роди́лся? Я роди́лся 15-го (пятна́дцатого) а́вгуста 1948 (ты́сяча девятьсо́т со́рок восьмо́го) го́да.

Bei einer genauen Datumsangabe (Tag, Monat, Jahr) wird die deutsche Konstruktion mit „am ..." durch den Genitiv wiedergegeben.

Merke: am ersten Mai = пе́рвого (числа́) ма́я, aber
am Freitag = в пя́тницу.

4 a) Das Pronomen

Die Deklination der Demonstrativpronomen э́тот *und* тот 1—3

В э́том году́ госпожа́ Шмидт побыва́ла в Москве́. Расскажи́те нам немно́го о том, как живу́т москвичи́! В э́тих магази́нах мо́жно купи́ть проду́кты. Для э́того на́до пойти́ в универма́г. В э́той па́чке 100 гра́ммов ча́ю. Да́йте мне буты́лку того́ вина́. Покажи́те мне ещё ту руба́шку.

Kasus	Singular		Plural
	männlich und sächlich	weiblich	alle 3 Geschlechter
N.	э́тот э́то тот то	э́та та	э́ти те
G.	э́того того́	э́той той	э́тих тех
D.	э́тому тому́	э́той той	э́тим тем
A.	э́тот э́то тот то	э́ту ту	э́ти те
	(э́того) (того́)		(э́тих) (тех)
I.	э́тим тем	э́той той	э́тими те́ми
P.	об э́том о том	об э́той о той	об э́тих о тех

Sprich: -ого wie [-owo]

28

Merke: Это kann als Substantiv in der Bedeutung „das" gebraucht werden. Beispiele:

Как э́то бы́ло?	Wie war das?
Он э́того не лю́бит.	Er hat das nicht gern.
Для э́того на́до пойти́ в универма́г.	Zu diesem Zweck muß man ins Warenhaus gehen.
Об э́том я уже́ чита́л.	Darüber (davon) habe ich schon gelesen.

Тот, та, то; те können als Demonstrativpronomen in der Bedeutung der/derjenige, die/diejenige, das/dasjenige; die/diejenigen gebraucht werden. Beispiele:

Кто мно́го чита́ет, тот мно́го зна́ет.	Wer viel liest, der weiß viel.
Он пришёл в ту суббо́ту, когда́ меня́ не́ было до́ма.	Er kam an dem Sonnabend, als ich nicht zu Hause war.
Расскажи́те нам о том, как живу́т москвичи́.	Erzählen Sie uns (darüber), wie die Moskauer wohnen.

b) Das Substantiv

Der Genitiv der Menge 2/4

У Фёдора мно́го <u>друзе́й</u>. Я не́сколько <u>дней</u> был до́ма. Мо́жно у вас получи́ть <u>ча́ю</u>? В э́той па́чке 100 гра́ммов грузи́нского <u>ча́я</u>. Где мо́жно купи́ть <u>сы́ру</u>? Да́йте мне <u>хле́ба</u>. На дворе́ мно́го <u>сне́гу</u>.

Nach unbestimmten und bestimmten Mengenangaben steht das abhängige Substantiv im Genitiv.

Beachte:

Дай мне хлеб!	Gib mir das Brot!
Дай мне хле́ба!	Gib mir (etwas) Brot!

Merke: 1. Einige männliche Substantive bilden neben dem normalen Genitiv einen besonderen Genitiv der Menge. Diese Substantive gehören meist zu den Stoffnamen.

Nominativ	Genitiv	Genitiv der Menge
мел	мéла	мéлу
сáхар	сáхара	сáхару
снег	снéга	снéгу
суп	сýпа	сýпу
сыр	сы́ра	сы́ру
товáр	товáра	товáру
чай	чáя	чáю
шоколáд	шоколáда	шоколáду

2. Wird der Genitiv der Menge durch ein Adjektiv erweitert, dann gebraucht man gewöhnlich die normalen Genitivformen. Beispiel: Купи́те 50 грáммов <u>грузи́нского чáя</u>.

3. Sofern keine Mengenangabe erfolgt, muß der normale Genitiv stehen. Beispiele: ценá сáхара, ценá чáя.

4. Die Endung -у des Genitivs der Menge ist meist unbetont.

Unregelmäßige Pluralbildungen   1—5

N.	лю́ди	дéти
G.	людéй	детéй
D.	лю́дям	дéтям
A.	людéй	детéй
I.	людьми́	детьми́
P.	о лю́дях	о дéтях

Der Nominativ Singular zu **лю́ди** lautet **человéк**.

Der Nominativ Singular zu **дéти** lautet **дитя́**. Дитя́ tritt in seiner Grundbedeutung „Kind" im modernen Sprachgebrauch nicht auf.

c) Die Präpositionen за = für; среди́ = mitten, inmitten   2/4

Ивáн Петрóвич купи́л буты́лку винá за 2 рубля́ 86 копéек. Роди́тели Ивáна Петрóвича платя́т за мáленькую кварти́ру 6 рублéй в мéсяц.

Nach der Präposition **за** steht der Akkusativ.

Среди́ людéй всегдá бывáет мнóго пионéров и шкóльников. Среди́ живóтных и птиц есть таки́е, котóрые живу́т óчень дóлго.

Nach der Präposition **среди́** steht der Genitiv.

Merke: **Среди́ нас есть мнóго спортсмéнов.** = Unter uns gibt es viele Sportler.

d) Das Verb
Unregelmäßige Konjugation

	дать *vo.* = geben		
Futur	дам	Präteritum	дал
	дашь		дала́
	даст		да́ло
			да́ли
	дади́м		
	дади́те	Imperativ	дай
	даду́т		да́йте

Beachte: Die Betonung дало́ ist zulässig.

Merke: Die verneinten Formen von дать lauten im Präteritum: не́ дал, не дала́, не́ дало; не́ дали.

Zur Bildung vollendeter und unvollendeter Verben

Oft erfolgt die Bildung vollendeter Verben durch eine Veränderung der Suffixe, z. T. mit Konsonantenwechsel. Bei einigen wenigen, aber häufig gebrauchten Verben wird die vollendete Entsprechung mit einer anderen Wortwurzel gebildet. Beispiele:

unvollendet	deutsche Bedeutung	vollendet
выступа́ть	auftreten	вы́ступить
изуча́ть	erlernen	изучи́ть
наступа́ть	herannahen	наступи́ть
отвеча́ть	antworten	отве́тить
повторя́ть	wiederholen	повтори́ть
поздравля́ть	beglückwünschen	поздра́вить
получа́ть	erhalten	получи́ть
приглаша́ть	einladen	пригласи́ть
покупа́ть	kaufen	купи́ть
пока́зывать	zeigen	показа́ть
расска́зывать	erzählen	рассказа́ть

unvollendet	deutsche Bedeutung	vollendet
спра́шивать	fragen	спроси́ть
дава́ть	geben	дать
брать	nehmen	взять
говори́ть	sprechen	сказа́ть
класть	legen	положи́ть
ложи́ться	sich legen	лечь
сади́ться	sich setzen	сесть

e) Die Übereinstimmung von Subjekt und Prädikat (I)   4—5

В зоопа́рк ка́ждый день прихо́дит мно́го люде́й. Среди́ них всегда́ быва́ет мно́го пионе́ров и шко́льников. Вокру́г ёлки собира́ется мно́го дете́й. На высо́кой ёлке виси́т мно́го игру́шек. На моём столе́ лежа́ло мно́го газе́т. В магази́не быва́ет ма́ло покупа́телей.

Wird das Subjekt eines einfachen Satzes aus einem unbestimmten Zahlwort und einem Substantiv gebildet, dann steht das Prädikat in der Regel im Singular.

Beachte: Im Präteritum erscheint das Prädikat in der sächlichen Form.

Merke: Nach не́сколько und einem Substantiv, das Personen bezeichnet, kann das Prädikat auch im Plural stehen. Beispiel: Не́сколько де́вочек пла́вали в о́зере.

5 a) Das Verb

Bestimmte und unbestimmte Verben   1—2

Я сего́дня иду́ в го́род. Почтальо́н несёт Кристи́не письмо́. Два ра́за в день почтальо́н но́сит по́чту. Мы ходи́ли по широ́ким у́лицам Ленингра́да. Мы мно́го раз пла́вали в Чёрном мо́ре. Маши́на бы́стро лете́ла над река́ми и озёрами. Над на́ми лета́ют ча́йки. Из Ялты ка́ждый день плыву́т парохо́ды в Севасто́поль.

Einige unvollendete Verben der Fortbewegung haben zwei Formen, eine bestimmte (konkrete) und eine unbestimmte (abstrakte).

Die bestimmte Form **1—2**

Я сегóдня идý в гóрод.	Ich gehe heute (einmalig, nicht unterbrochen, in bestimmter Zeit) in die Stadt (in bestimmter Richtung).

Die bestimmte Form wird gebraucht, wenn die Bewegung einmalig, nicht unterbrochen, in bestimmter Zeit, in bestimmter Richtung und mit Zielangabe erfolgt.

Die unbestimmte Form **1—2**

Мы мнóго раз плáвали в Чёрном мóре.	Wir schwammen (ohne bestimmte Richtung) viele Male (mehrmals) im Schwarzen Meer.
Два рáза в день почтальóн нóсит пóчту.	Der Briefträger trägt (pflegt gewohnheitsmäßig zu tragen) zweimal am Tage die Post aus.
Птúцы умéют летáть.	Vögel können (haben die Fähigkeit zu) fliegen.

Die unbestimmte Form wird gebraucht, wenn die Bewegung in unbestimmter Richtung, mehrmalig (z. B. hin und her) erfolgt. Sie wird gleichfalls verwendet, wenn eine wiederholte, gewohnheitsmäßige Bewegung oder die allgemeine Fähigkeit zur Ausführung einer Bewegung ausgedrückt werden soll.

Zusammenfassung **1—2**

Arten der Bewegung	
bestimmtes Verb	unbestimmtes Verb
einmalig nicht unterbrochen in bestimmter Zeit in bestimmter Richtung	mehrmalig ohne bestimmte Richtung (z. B. hin und her) gewohnheitsmäßig
	allgemeine Fähigkeit zur Ausführung einer Bewegung

In bestimmter und unbestimmter Form kommen vor:

bestimmt	deutsche Bedeutung	unbestimmt
идти́	gehen	ходи́ть
е́хать	fahren	е́здить
лете́ть	fliegen	лета́ть
бежа́ть	laufen	бе́гать
нести́	tragen	носи́ть
везти́	fahren, transportieren	вози́ть
вести́	führen	води́ть
плыть	schwimmen	пла́вать

Самолёт лети́т на се́вер.   Над мо́рем лета́ют ча́йки.   Парохо́д плывёт в Я́лту.   Ры́бы пла́вают.

Фе́дя идёт в шко́лу.   Фе́дя ка́ждый день хо́дит в шко́лу.   Фе́дя хо́дит по ко́мнате.   Ле́ночка уже́ хо́дит.

b) Die Präposition над = über

Машина быстро летела над реками. Лампа висит над столом.

Nach der Präposition над steht der Instrumental.

Merke: надо мной bzw. надо мною.

c) Das Pronomen

Zum Gebrauch des Reflexivpronomens себя

Космонавт чувствовал себя хорошо. Мы взяли с собой фотоаппарат.
Я его всё время ношу с собой. Мы уже купили себе билеты на пароход.
Сегодня Виктор Павлович у себя в квартире.

Das Reflexivpronomen себя wird für alle Personen und Geschlechter des Personalpronomens im Singular und Plural gebraucht. Beispiele:

Я купил (-ла) себе газету.	Ich kaufte mir eine Zeitung.
Ты купил (-ла) себе газету.	Du kauftest dir eine Zeitung.
Он купил себе газету.	Er kaufte sich eine Zeitung.
Она купила себе газету.	Sie kaufte sich eine Zeitung.
Мы купили себе газету.	Wir kauften uns eine Zeitung.
Вы купили себе газету.	Ihr kauftet euch eine Zeitung.
Они купили себе газету.	Sie kauften sich eine Zeitung.
Я чувствую себя хорошо.	Ich fühle mich gut.
Ты чувствуешь себя хорошо.	Du fühlst dich gut
Он чувствует себя хорошо.	Er fühlt sich gut.

Die Deklination des Reflexivpronomens себя

Kasus	Singular	Plural
N.	—	
G.	себя	
D.	себе	
A.	себя	
I.	собой (собою)	
P.	о себе	

Beachte:

1. Ein Reflexivpronomen kann im Satz nicht als Subjekt stehen. Es hat daher keinen Nominativ.

2. Die Deklination von себя gleicht der von ты.

Merke: Die Formen von себя beziehen sich in der Regel auf das Subjekt desselben Satzes. Beispiele:

Я взял себе 5 рублей.	Ich nahm mir 5 Rubel.
Мы увидели перед собой медведя.	Wir sahen vor uns einen Bären.
Космонавт сообщал из космоса, как он себя чувствует.	Der Kosmonaut berichtete aus dem Weltraum, wie er sich fühlt(e).

Die Possessivpronomen der 3. Person 3

Клаус рассказал своему брату о поездке в СССР. Молодой врач вместе со своей женой полетел в Ялту. Его брат ещё студент. Почтальон принёс Гансу письмо от его брата. Анита написала своей подруге. Её подруга живёт во Франкфурте-на-Майне. Хорошо, что мы взяли с собой свой фотоаппарат.

Свой = sein (своя, своё; свои) ist ein reflexives Possessivpronomen, d. h. es bezieht sich auf das Subjekt desselben Satzes zurück. Das Subjekt desselben Satzes ist der „Besitzer". Die Formen von свой richten sich in Geschlecht, Zahl und Fall nach dem zugehörigen Substantiv. Ihre Deklination entspricht der von мой, моя, моё; мои. Beispiele:

Иван увидел своего брата.	Iwan erblickte seinen Bruder.
Иван увидел свою сестру.	Iwan erblickte seine Schwester.
Иван сидит в своём кресле.	Iwan sitzt in seinem Sessel.
Ученики взяли свои книги.	Die Schüler nahmen ihre Bücher.
Нина увидела своего брата.	Nina erblickte ihren Bruder.
Нина увидела свою сестру.	Nina erblickte ihre Schwester.
Нина сидит в своём кресле.	Nina sitzt in ihrem Sessel.

Als reflexives Possessivpronomen wird свой auch für die 1. und 2. Person gebraucht. Beispiele:

Я обещал своему (моему) другу пойти с ним в зоопарк. Мы написали своим (нашим) товарищам несколько писем. Варвара, купила ты для своей (твоей) сестры конфеты? Да, я купила своей (моей) сестре конфеты.

Ist das Subjekt nicht der „Besitzer", dann stehen zur Bezeichnung des Besitzverhältnisses die Genitivformen des Personalpronomens: его́ (männlich und sächlich), её (weiblich); их (Plural). Diese Formen sind nicht deklinierbar. Beispiele:

Ива́н уви́дел велосипе́д Ви́ктора. Ива́н уви́дел <u>его́</u> велосипе́д.

Ива́н говори́л с сестро́й Ви́ктора. Ива́н говори́л с <u>его́</u> сестро́й.

Ива́н был у роди́телей Ви́ктора. Ива́н был у <u>его́</u> роди́телей.

Па́вел отве́тил сестре́ Ни́ны. Па́вел отве́тил <u>её</u> сестре́.

Па́вел ду́мал о бра́те Ни́ны. Па́вел ду́мал о <u>её</u> бра́те.

Па́вел танцева́л с подру́гами Ни́ны. Па́вел танцева́л с <u>её</u> подру́гами.

Дире́ктор говори́л с отцо́м Петра́ и Ири́ны. Дире́ктор говори́л с <u>их</u> отцо́м.

Мы бы́ли у тёти Петра́ и Ири́ны. Мы бы́ли у <u>их</u> тёти.

Учи́тель отве́тил роди́телям дете́й. Учи́тель отве́тил <u>их</u> роди́телям.

Merke: 1. Свой bezieht sich auf das Subjekt desselben Satzes. Beispiele:

Он взял <u>своё</u> <u>пальто́</u> и <u>свою́</u> <u>шля́пу</u> и уе́хал. Я не знал о том, что <u>Пе́тя</u> во вре́мя <u>свои́х</u> <u>кани́кул</u> был бо́лен. <u>Тури́ст</u>, <u>кото́рый</u> не взял с собо́й <u>своего́</u> <u>фотоаппара́та</u>, купи́л себе́ не́сколько фотогра́фий.

2. Als reflexives Possessivpronomen kommt свой nicht im Nominativ vor.

3. Свой kann auch die Bedeutung „eigen" (jemandem persönlich gehörend), „besonderer" haben. Es steht dann auch im Nominativ. У ка́ждого ру́сского своё и́мя, своё о́тчество, своя́ фами́лия.

4. Stehen die Possessivpronomen его́, её; их nach Präpositionen, so wird ihnen kein н- vorgesetzt. Vgl. Gramm. Beiheft 1, S. 22.

d) Das Substantiv

Die Deklination männlicher Substantive auf -анин (-янин) *im Plural*   **3**

На поля́х рабо́тало мно́го крестья́н. В гости́нице живёт гру́ппа англича́н. Нас в пе́рвое вре́мя счита́ли за сове́тских гра́ждан. Среди́ сове́тских гра́ждан есть мно́го таки́х, кото́рые то́лько немно́го говоря́т по-ру́сски. Нам тури́стам, как англича́нам так и не́мцам, да́ли возмо́жность осмотре́ть ла́герь.

Kasus	Singular	
N. G.	граждани́н граждани́на	крестья́нин крестья́нина
	Plural	
N. G. D. A. I. P.	гра́ждане гра́ждан гра́жданам гра́ждан гра́жданами о гра́жданах	крестья́не крестья́н крестья́нам крестья́н крестья́нами о крестья́нах

Männliche Substantive auf -анин, -янин, die Personen bezeichnen, bilden den Nominativ Plural auf -e. Genitiv und Akkusativ Plural sind endungslos. Im Singular werden diese Substantive regelmäßig dekliniert.

Die Deklination sächlicher Substantive auf -мя 3

У ка́ждого челове́ка есть своё и́мя. Ру́сские называ́ют друг дру́га по и́мени и о́тчеству. Тури́сты проводи́ли мно́го вре́мени на берегу́ мо́ря. Каки́е ру́сские имена́ вы зна́ете? Я зна́ю сле́дующие имена́: Пётр, Влади́мир, Екатери́на, Кла́вдия и мно́го други́х. Анто́н зна́ет мно́го имён.

Kasus	Singular	Plural
N.	вре́мя	времена́
G.	вре́мени	времён
D.	вре́мени	времена́м
A.	вре́мя	времена́
I.	вре́менем	времена́ми
P.	о вре́мени	о времена́х

Einige wenige sächliche Substantive haben im Singular (außer Nominativ und Akkusativ) und im Plural die Erweiterung -ен (bzw. -ён).

a) Das Pronomen

Die Deklination des bestimmenden Pronomens **весь** *im Singular und Plural* 1

Всему́ ми́ру изве́стно и́мя Л. Н. Толсто́го. Во всех больши́х библиоте́ках мо́жно найти́ его́ кни́ги. Во всём ми́ре чита́ют его́ рома́ны. Лев Никола́евич всю свою́ жизнь люби́л дете́й. Ната́ша всё вре́мя поёт.

Kasus	Singular		Plural
	männlich und sächlich	weiblich	alle 3 Geschlechter
N.	весь всё	вся	все
G.	всего́	всей	всех
D.	всему́	всей	всем
A.	весь всё	всю	все
	(всего́)		(всех)
I.	всем	всей (все́ю)	все́ми
P.	(обо) всём	(обо) всей	(обо) всех

Sprich: -его́ wie [-jewó]

Merke: 1. во всём ми́ре   ко всем ученика́м
во всех библиоте́ках   со все́ми тури́стами

Den Präpositionen, die auf einen Konsonanten ausgehen, wird vor den Deklinationsformen von **весь** ein **о** angehängt.

2. Мо́жно говори́ть обо всём.   Man kann über alles sprechen.
Он расска́зывал обо всех.   Er erzählte von allen.

Die Präposition **о** erscheint vor den Präpositivformen von **весь** meist als **обо**.

3. Ната́ша всё ещё поёт.   Natascha singt immer noch.

Всё wird auch in der Bedeutung „immer" gebraucht.

Beachte: **Весь** steht als bestimmendes Pronomen häufig vor anderen Pronomen. Beispiele:

весь э́тот дом   dies ganze Haus
вся на́ша кварти́ра   unsere ganze Wohung

b) Die doppelte Verneinung 2

Чиж никогда́ не пел. Никто́ не ви́дел. Ли́за ничего́ не зна́ет.

In Sätzen mit verneinendem Adverb oder verneinendem Pronomen muß auch das Prädikat (Verb) verneint werden.

c) Die Präposition о́коло = neben, bei; in der Nähe 3

Волк ходи́л о́коло дере́вни. Соба́ка сиде́ла о́коло хозя́ина.

Nach der Präposition о́коло steht der Genitiv.

Merke: Он рабо́тал о́коло ча́са.   Er arbeitete ungefähr (etwa) eine Stunde.

d) Das Verb

Die Bildung des Konjunktivs 3—5

Я <u>бы</u> сейча́с в ва́шу слу́жбу пошёл. Я скажу́ хозя́ину, <u>что́бы</u> он и тебя́ корми́л. Е́сли <u>бы</u> я получи́л два фотоаппара́та, то оди́н из них я дал <u>бы</u> тебе́.

Man bildet den Konjunktiv, indem man zum Präteritum des Verbs die Partikel **бы** setzt.

говори́ть		сказа́ть *vo.*	
я, ты	говори́л (-а) бы	я, ты	сказа́л (-а) бы
он	говори́л бы	он	сказа́л бы
она́	говори́ла бы	она́	сказа́ла бы
оно́	говори́ло бы	оно́	сказа́ло бы
мы, вы, они́	говори́ли бы	мы, вы, они́	сказа́ли бы

Die Partikel **бы** steht gewöhnlich hinter der Verbform, zu der sie gehört. Häufig steht **бы** hinter dem ersten Wort des Satzes, z. B. in Verbindung mit den Konjunktionen е́сли und что. Beachte, daß что und бы zusammengeschrieben werden: что́бы.

Бы kann aber auch auf ein anderes Wort folgen, das dadurch hervorgehoben wird. Vergleiche:

Я стал бы врачóм.	Ich würde Arzt werden.
Я бы стал врачóм.	Ich würde Arzt werden.
Врачóм бы я стал.	Arzt würde ich werden.

Zum Gebrauch des Konjunktivs 3—5

Der Konjunktiv steht im Russischen zum Ausdruck der Nichtwirklichkeit. Er wird meist in Wunsch- und Bedingungssätzen gebraucht. Beispiele:

Я охóтно поéхал бы в СССР.	Ich führe gern in die UdSSR.
Éсли бы вчерá былá хорóшая погóда, мы сдéлали бы прогýлку.	Wenn gestern gutes Wetter gewesen wäre, hätten wir einen Ausflug gemacht.

Nach dem Sinnzusammenhang des Textes können die Konjunktivformen die Gegenwart, die Vergangenheit und die Zukunft bezeichnen. Beispiel:

я поéхал бы = ich führe; ich würde fahren; ich wäre gefahren.

Merke: 1. Бы kann nach Vokalen zu б verkürzt werden. Beispiel:

Éсли б он мог, то рабóтал бы.

2. Чтóбы (verkürzt чтоб) kann mit dem Infinitiv verbunden werden. Es bedeutet dann stets „um ... zu". Beispiel:

Преподавáтели поéхали в Москвý, чтóбы осмотрéть Кремль.

Zum Gebrauch des Infinitivs 1

Что дéлать, как помóчь дéтям, как изменúть их жизнь?	Was (soll man) tun, wie kann man den Kindern helfen, wie kann man ihr Leben verändern?
Дéвочки не знáли, кудá идтú.	Die Mädchen wußten nicht, wohin sie gehen sollten.
Мне уходúть в 5 часóв.	Ich muß um 5 Uhr weggehen.

Der bloße Infinitiv kann ein Sollen, Müssen oder Können ausdrücken.

Beachte: 1. In einem unpersönlichen Infinitivsatz wird das deutsche Subjekt im Dativ wiedergegeben. Beispiele:

Мне уходи́ть в 5 часо́в.	Ich muß um 5 Uhr weggehen.
Тебе́ уходи́ть в 5 часо́в.	Du mußt um 5 Uhr weggehen.
Ему́ уходи́ть в 5 часо́в.	Er muß um 5 Uhr weggehen.
Нам уходи́ть в 5 часо́в.	Wir müssen um 5 Uhr weggehen usw.

2. Ein bloßer Infinitiv kann auch mit бы verbunden werden. Er steht dann in einem Wunschsatz. Beispiel:

Помо́чь бы ему́!	Man sollte ihm helfen!

7 a) Konsonantenwechsel

Bei der Ableitung neuer Wörter sowie in der Deklination und Konjugation tritt häufig ein Wechsel der Stammkonsonanten auf. Beispiele:

Ableitung

г	—	ж	юг	—	ю́жный
д	—	жд	роди́ться	—	рожде́ние
х	—	ш	у́хо	—	ша́пка-уша́нка
ц	—	ч	пти́ца	—	пти́чка

Deklination

г	—	з	друг	—	друзья́ *Pl.*
х	—	ш	у́хо	—	у́ши *Pl.*

Konjugation (siehe auch S. 11)

д з	}	ж	ходи́ть сказа́ть	— —	хожу́ скажу́	— —	хо́дишь ска́жешь	
к т	}	ч	пла́кать встре́тить	— —	пла́чу встре́чу	— —	пла́чешь встре́тишь	
с	—	ш	проси́ть	—	прошу́	—	про́сишь	
ст	—	щ	пусти́ть	—	пущу́	—	пу́стишь	
б	—	бл	люби́ть	—	люблю́	—	лю́бишь	
в	—	вл	нра́виться	—	нра́влюсь	—	нра́вишься	
м	—	мл	корми́ть	—	кормлю́	—	ко́рмишь	
п	—	пл	купи́ть	—	куплю́	—	ку́пишь	

b) Das Verb

Zum Gebrauch von ждать

Дéти ждáли мáму. Жéнщина ждалá врачá. Мы ждáли пóезда. Мы не мóжем ждать до весны́.

Nach ждать (in der Bedeutung „erwarten, warten auf") kann das Objekt — wie im Deutschen — im Akkusativ stehen, wenn eine ganz bestimmte Person bzw. ein ganz bestimmter Gegenstand bezeichnet wird. Beispiele:

Ивáн ждал свою́ сестру́ и своегó брáта.	Iwan erwartete seine Schwester und seinen Bruder.
Кáждое у́тро мы ждём газéту.	Jeden Morgen warten wir auf die Zeitung.

Das Objekt steht im Genitiv, wenn etwas Ungegenständliches bzw. etwas weniger genau Bestimmtes bezeichnet wird. Beispiele:

Тури́сты ждáли возмóжности осмотрéть Кремль.	Die Touristen warteten auf die Möglichkeit, den Kreml zu besichtigen.
Áня ждалá письмá.	Anja erwartete einen Brief.
Мы ждáли пóезда.	Wir warteten auf einen Zug.

Vorsilben bei Verben

Zahlreiche einfache Verben können durch Präfixe ganz bestimmte Bedeutungen erhalten. Die entstehenden zusammengesetzten Verben sind in den meisten Fällen vollendet. Einige häufig vorkommende Zusammensetzungen lauten*:

вы-	heraus-, hinaus-; aus-

вы́расти *vo.* вы́расту вы́растешь вы́растут вы́рос вы́росла	herauswachsen	вы́брать *vo.* вы́беру вы́берешь вы́берут	auswählen
		вы́пустить *vo.* вы́пущу вы́пустишь вы́пустят	herauslassen

* Die Verben jeder Gruppe sind nach ihrer Häufigkeit im modernen Sprachgebrauch geordnet. Zu welcher Konjugation sie gehören, wird aus den Formen des Futurs (bzw. des Präsens) ersichtlich. Die Präteritumformen sind nur bei unregelmäßiger Bildung angegeben.

вы́звать *vo.* вы́зову вы́зовешь вы́зовут	herausrufen	вы́ехать *vo.* вы́еду вы́едешь вы́едут	herausfahren
вы́пить *vo.* вы́пью вы́пьешь вы́пьют	austrinken	вы́дать *vo.* *Siehe S. 31*	herausgeben; ausgeben
вы́нести *vo.* вы́несу вы́несешь вы́несут вы́нес вы́несла	heraustragen	вы́везти *vo.* вы́везу вы́везешь вы́везут вы́вез вы́везла	hinausfahren; exportieren
		вы́лечить *vo.* вы́лечу вы́лечишь вы́лечат	ausheilen
вы́бежать *vo.* вы́бегу вы́бежишь вы́бегут	herauslaufen	вы́писать *vo.* вы́пишу вы́пишешь вы́пишут	herausschreiben
вы́вести *vo.* вы́веду вы́ведешь вы́ведут вы́вел вы́вела	herausführen	вы́работать *vo.* вы́работаю вы́работаешь вы́работают	ausarbeiten

Beachte: In vollendeten Zusammensetzungen trägt вы- stets den Ton.

в- (въ-)   herein-, hinein-; ein-

внести́ *vo.* внесу́ внесёшь внесу́т внёс внесла́	hereintragen	ввести́ *vo.* введу́ введёшь введу́т ввёл ввела́	einführen
вбежа́ть *vo.* вбегу́ вбежи́шь вбегу́т	hereinlaufen	вложи́ть *vo.* вложу́ вло́жишь вло́жат	hineinlegen

въе́хать *vo.*   hineinfahren
  въе́ду
  въе́дешь
  въе́дут

у-	weg-, fort-, davon-

уе́хать *vo.*   wegfahren   убежа́ть *vo.*   weglaufen
  уе́ду   убегу́
  уе́дешь   убежи́шь
  уе́дут   убегу́т

убра́ть *vo.*   wegnehmen   унести́ *vo.*   wegtragen
  уберу́   унесу́
  уберёшь   унесёшь
  уберу́т   унесу́т
                                                 унёс
                                                 унесла́

от- (ото-, отъ-)	weg-, ab-

отда́ть *vo.*   weggeben,   отпусти́ть *vo.*   weglassen,
Siehe S. 31   abgeben   отпущу́   freilassen
  о́тдал   отпу́стишь
  отдала́   отпу́стят
  о́тдало

отдава́ть   отобра́ть *vo.*   abnehmen
  отдаю́   отберу́
  отдаёшь   отберёшь
  отдаю́т   отберу́т
                                              отобра́л
                                              отобрала́
отнести́ *vo.*   wegtragen   отобра́ло
  отнесу́
  отнесёшь   отъе́хать *vo.*   abfahren
  отнесу́т   отъе́ду
  отнёс   отъе́дешь
  отнесла́   отъе́дут

при-		heran-, herbei-, an-; hin-	
прие́хать *vo.* приє́ду приє́дешь приє́дут	angefahren kommen	привести́ *vo.* приведу́ приведёшь приведу́т привёл привела́	hinführen
принести́ *vo.* принесу́ принесёшь принесу́т принёс принесла́	herbeibringen, hinbringen	прибежа́ть *vo.* прибегу́ прибежи́шь прибегу́т	angelaufen kommen
привезти́ *vo.* привезу́ привезёшь привезу́т привёз привезла́	herantranspor- tieren, heranfahren	приложи́ть *vo.* приложу́ прило́жишь прило́жат	anlegen

пере-		über-, hinüber-, durch-	
переда́ть *vo.* Siehe S. 31 передава́ть передаю́ передаёшь передаю́т	} übergeben	пережи́ть *vo.* переживу́ переживёшь переживу́т	überleben
перевести́ *vo.* переведу́ переведёшь переведу́т перевёл перевела́	hinüberführen; übersetzen *in eine Sprache*	перенести́ *vo.* перенесу́ перенесёшь перенесу́т перенёс перенесла́	hinübertragen

про-		durch-, hindurch-; vorbei-	
провести́ *vo.* проведу́ проведёшь проведу́т провёл провела́	hindurchführen, durchführen	прое́хать *vo.* прое́ду прое́дешь прое́дут	durchfahren, vorbeifahren
		пропусти́ть *vo.* пропущу́ пропу́стишь пропу́стят	durchlassen, vorbeilassen
прочита́ть *vo.* прочита́ю прочита́ешь прочита́ют	lesen, durchlesen		
		просмотре́ть *vo.* просмотрю́ просмо́тришь просмо́трят	durchsehen
пробежа́ть *vo.* пробегу́ пробежи́шь пробегу́т	durchlaufen, vorbeilaufen		

раз- (разо-, рас-)		auseinander-, ver-; zer-	
разби́ть *vo.* разобью́ разобьёшь разобью́т разби́л разби́ла	zerbrechen, zerschlagen; besiegen	расши́рить *vo.* расши́рю расши́ришь расши́рят	verbreitern
		распусти́ть *vo.* распущу́ распу́стишь распу́стят	zerlassen; auseinanderfalten
разложи́ть *vo.* разложу́ разло́жишь разло́жат	auslegen, zerlegen		
разобра́ть *vo.* разберу́ разберёшь разберу́т разобра́л разобрала́ разобра́ло	auseinandernehmen	развести́ *vo.* разведу́ разведёшь разведу́т развёл развела́	auseinanderführen, scheiden *eine Ehe*

Merke: Vor stimmlosen Konsonanten steht **рас-**.

до-		bis ... zu, bis ... hin; zu-	
допусти́ть *vo.* допущу́ допу́стишь допу́стят	zulassen	дое́хать *vo.* дое́ду дое́дешь дое́дут	*bis ... hin* fahren
довезти́ *vo.* довезу́ довезёшь довезу́т довёз довезла́	*bis ... hin* transportieren, fahren	добежа́ть *vo.* добегу́ добежи́шь добегу́т	*bis ... hin* laufen, im Lauf erreichen
		допи́ть *vo.* допью́ допьёшь допью́т	*zu Ende* trinken
довести́ *vo.* доведу́ доведёшь доведу́т довёл довела́	*bis ... hin* führen	дое́сть *vo.* Siehe S. 11	*zu Ende* essen

Zusammensetzungen mit **идти́**

Идти́ erscheint in Zusammensetzungen als **-йти**. Merke besonders:

| вы́йти *vo.*
вы́йду
вы́йдешь
вы́йдут
вы́шел
вы́шла | herausgehen | уйти́ *vo.*
уйду́
уйдёшь
уйду́т
ушёл
ушла́ | weggehen |
| войти́ *vo.*
войду́
войдёшь
войду́т
вошёл
вошла́ | hineingehen | отойти́ *vo.*
отойду́
отойдёшь
отойду́т
отошёл
отошла́ | abgehen |

прийти́ *vo.*	herbeikommen	пройти́ *vo.*	vorbeigehen, vorübergehen
приду́		пройду́	
придёшь		пройдёшь	
приду́т		пройду́т	
пришёл		прошёл	
пришла́		прошла́	
перейти́ *vo.*	hinübergehen, überqueren	дойти́ *vo.*	bis ... *hin* gehen
перейду́		дойду́	
перейдёшь		дойдёшь	
перейду́т		дойду́т	
перешёл		дошёл	
перешла́		дошла́	

Beachte: *Infinitiv* прийти́ *vo.*, *aber Fut.* приду́, придёшь *usw*.

Zusammensetzungen mit unbestimmten Verben (Siehe auch S. 32)

Tritt zu einem unvollendeten, unbestimmten Verb ein Präfix, so verliert das Verb seine Unbestimmtheit.

unvollendetes, unbestimmtes Verb	unvollendetes Normalverb	deutsche Bedeutung
ходи́ть	выходи́ть	herausgehen
хожу́	выхожу́	
хо́дишь	выхо́дишь	
хо́дят	выхо́дят	
лета́ть	прилета́ть	angeflogen kommen
лета́ю	прилета́ю	
лета́ешь	прилета́ешь	
лета́ют	прилета́ют	
бе́гать	убега́ть	weglaufen
бе́гаю	убега́ю	
бе́гаешь	убега́ешь	
бе́гают	убега́ют	
носи́ть	вноси́ть	hineintragen
ношу́	вношу́	
но́сишь	вно́сишь	
но́сят	вно́сят	

unvollendetes, unbestimmtes Verb	unvollendetes Normalverb	deutsche Bedeutung
вози́ть вожу́ во́зишь во́зят	увози́ть увожу́ уво́зишь уво́зят	wegtransportieren, wegfahren
води́ть вожу́ во́дишь во́дят	переводи́ть перевожу́ переводи́шь переводя́т	hinüberführen; übersetzen *in eine Sprache*
Beachte: е́здить е́зжу е́здишь е́здят	выезжа́ть выезжа́ю выезжа́ешь выезжа́ют	herausfahren
пла́вать пла́ваю пла́ваешь пла́вают	переплыва́ть переплыва́ю переплыва́ешь переплыва́ют	hinüberschwimmen

Die meisten so entstandenen unvollendeten Normalverben haben ihre vollendete Entsprechung in der gleichartigen Zusammensetzung des bestimmten Verbs. Vergleiche:

unvollendet, unbestimmt	unvollendet, bestimmt	unvollendet	vollendet
ходи́ть	идти́	выходи́ть	вы́йти
лета́ть	лете́ть	прилета́ть	прилете́ть
бе́гать	бежа́ть	убега́ть	убежа́ть
носи́ть	нести́	вноси́ть	внести́
Beachte:			
е́здить	е́хать	проезжа́ть	прое́хать
пла́вать	плыть	переплыва́ть	переплы́ть

c) Die Präpositionen че́рез *örtl.* = durch, hindurch; über
во́зле = neben *sehr nahe*
за = hinter

Ма́ма и А́лики пошли́ че́рез по́ле к зда́нию аэровокза́ла. Маши́на е́хала че́рез Москву́. Nach der Präposition **че́рез** steht der Akkusativ.

Шофёр останови́л маши́ну во́зле гости́ницы. Авто́бус стоя́л во́зле аэровокза́ла. Nach der Präposition **во́зле** steht der Genitiv.

За э́тими дверьми́ врачи́ де́лают опера́цию. Ма́льчик стоя́л за шка́фом. Nach der Präposition **за** steht (auf die Frage где?) der Instrumental.

Merke: Die Präposition „neben" kann im Russischen durch das Adverb mit Präposition **ря́дом с (со)** wiedergegeben werden. Nach **ря́дом с** steht der Instrumental. Beispiel: А́лики шла ря́дом со слоно́м.

a) Das Substantiv

Deklination von Familiennamen 1

Ка́тя чита́ла рома́н Л. Н. Толсто́го. Семья́ Бело́вых живёт в Ленингра́де. К Бело́вым приду́т го́сти. Дире́ктор разгова́ривал с това́рищем Бело́вым. Мы встре́тили Ни́ну Фёдоровну Бело́ву.

1. Familiennamen auf -ый (-ий); -ой werden wie Adjektive dekliniert.

2. Die Deklination von Familiennamen auf -ов (-ова), -ев (-ева); -ин (-ина), -ын (-ына):

Kasus	Singular		Plural
	männliche Namensform	weibliche Namensform	
N.	Бело́в	Бело́ва	Бело́вы
G.	Бело́ва	Бело́вой	Бело́вых
D.	Бело́ву	Бело́вой	Бело́вым
A.	Бело́ва	Бело́ву	Бело́вых
I.	Бело́вым	Бело́вой	Бело́выми
P.	о Бело́ве	о Бело́вой	о Бело́вых

Beachte: Ortsnamen auf -ов (-ово), -ев (-ево); -ин (-ино), -ын (-ыно) werden wie männliche bzw. sächliche Substantive dekliniert:
N. Ки́ев, G. Ки́ева, D. Ки́еву, A. Ки́ев, I. Ки́евом, P. о Ки́еве.

Die Deklination von мать *und* дочь 1

То́ня ча́сто с ма́терью ухо́дит в больни́цу. Зи́на помога́ла ма́тери. Послеза́втра у ма́тери бу́дет день рожде́ния. К Бело́вым приду́т го́сти: сестра́ му́жа с дочерьми́.

Kasus	Singular	Plural
N.	мать	ма́тери
G.	ма́тери	матере́й
D.	ма́тери	матеря́м
A.	мать	матере́й
I.	ма́терью	матеря́ми
P.	о ма́тери	о матеря́х

Merke: Дочь kann im Instrumental Plural auch дочерьми́ lauten.

Die Deklination von сын 1

У Бело́вых две до́чери и два сы́на. Сы́ну 20 лет. Макси́м Фёдорович прие́дет с жено́й и сыновья́ми. Сыновья́ това́рища Петро́ва у́чатся в сре́дней шко́ле.

N.	сыновья́
G.	сынове́й
D.	сыновья́м
A.	сынове́й
I.	сыновья́ми
P.	о сыновья́х

Ähnlich wie друг (vgl. Gramm. Beiheft 1, S. 35) zeigt auch сын im Plural Unregelmäßigkeiten.

Beachte: Im Plural unregelmäßig dekliniert wird auch муж: N.Pl. мужья́, G. муже́й, D. мужья́м usw.

Substantivierte Adjektive 1

Ива́н Васи́льевич Бело́в — рабо́чий. Па́вел — сын рабо́чего. Инжене́р разгова́ривал с рабо́чими. В зоопа́рке бы́ли де́ти и взро́слые. У Бело́вых мно́го знако́мых. В больни́це мно́го больны́х. Не́мцы встре́тились с ру́сскими. Учи́тель расска́зывал де́тям о живо́тных. Мы живём на у́лице Го́рького.

Adjektive können als Substantive gebraucht werden. Substantivierte Adjektive werden wie Adjektive dekliniert.

Beachte: 1. Substantivierte Adjektive können ein Attribut bei sich haben. Beispiel: Инженéр разговáривал со стáрыми рабóчими.

2. Substantivierte Adjektive werden nicht selten als Namen (angenommene Namen) verwendet. Beispiel: гóрький, -ая, -ое; -ие = bitter; Гóрький = der „Bittere".

Zum Gebrauch des Instrumentals 1

Студéнт хóчет стать врачóм. Сын Ивáна Васи́льевича стал комсомóльцем. Зи́на стáнет трактори́сткой. Женá Ивáна Васи́льевича рабóтает медсестрóй.

Der Instrumental (als Prädikatsnomen wie als prädikative Ergänzung) bezeichnet häufig einen Beruf oder ein Tätigkeitsmerkmal.

b) Das Zahlwort

Zur Deklination der Grundzahlwörter (I) 1

Одномý сы́ну 20 лет. Однóй дóчери 21 год. К Белóвым придýт гóсти: сестрá мýжа с двумя́ дочерьми́. Макси́м Фёдорович приéдет с женóй и двумя́ сыновья́ми.

Grundzahlwörter werden dekliniert.

Das Grundzahlwort оди́н 1

Kasus	Singular			Plural
	männlich	sächlich	weiblich	alle 3 Geschlechter
N.	оди́н	однó	однá	одни́
G.	одногó		однóй	одни́х
D.	одномý		однóй	одни́м
A.	оди́н (одногó)	однó	однý	одни́ (одни́х)
I.	одни́м		однóй	одни́ми
P.	об однóм		об однóй	об одни́х

Оди́н wird wie das Demonstrativpronomen э́тот dekliniert. Die Endungen sind stets betont.

Beachte: 1. Die Pluralformen zu **один** können in der Zahlwortbedeutung nur mit Mehrzahlwörtern verbunden werden. Beispiel:

| У него только одни часы́. | Er hat nur eine Uhr. |

2. **Один** kann auch in den Bedeutungen „allein" und „ein und derselbe" gebraucht werden. Beispiele:

Де́вочка бои́тся одна́ войти́ в ко́мнату.	Das Mädchen fürchtet sich, allein ins Zimmer hineinzugehen.
Мы пое́хали одни́.	Wir fuhren allein los.
Мой брат живёт со мной в одно́й ко́мнате.	Mein Bruder wohnt mit mir in ein und demselbem Zimmer.

Die Grundzahlwörter два (две), три, четы́ре   1

Kasus	männlich/sächlich	weiblich	alle 3 Geschlechter	
N.	два	две	три	четы́ре
G.	двух		трёх	четырёх
D.	двум		трём	четырём
A.	два	две	три	четы́ре
	(двух)		(трёх)	(четырёх)
I.	двумя́		тремя́	четырьмя́
P.	о двух		о трёх	о четырёх

Nur die Grundzahlwörter „eins" und „zwei" werden nach dem Geschlecht unterschieden.

Die Grundzahlwörter пять ... два́дцать, три́дцать   2—3

N.	пять	во́семь	оди́ннадцать	два́дцать
G.	пяти́	восьми́	оди́ннадцати	двадцати́
D.	пяти́	восьми́	оди́ннадцати	двадцати́
A.	пять	во́семь	оди́ннадцать	два́дцать
I.	пятью́	восемью́	оди́ннадцатью	двадцатью́
P.	о пяти́	о восьми́	об оди́ннадцати	о двадцати́

Die Grundzahlwörter von пять bis двáдцать und тридцать werden nach der и-Deklination dekliniert. Vgl. S. 16.

Beachte: Die Deklinationsformen von пять bis дéсять sowie die von двáдцать und тридцать sind endungsbetont.

Zum Gebrauch der Grundzahlwörter 1—3

Один (однá, однó) und alle Grundzahlwörter, deren letztes Glied eine 1 ist, stimmen mit dem gezählten Substantiv in Geschlecht, Zahl und Fall überein. Beispiele:

N.	один брат	однá сестрá	однó слóво	одни часы́
G.	одногó брáта	однóй сестры́	одногó слóва	одних часóв
D.	одномý брáту	однóй сестрé	одномý слóву	одним часáм
A.	одногó брáта	однý сестрý	однó слóво	одни часы́
I.	одним брáтом	однóй сестрóй	одним слóвом	одними часáми
P.	об однóм брáте	об однóй сестрé	об однóм слóве	об одних часáх

Два (две), три, четы́ре und alle mit два (две), три, четы́ре zusammengesetzten Grundzahlwörter stimmen in Genitiv, Dativ, Instrumental und Präpositiv mit dem gezählten Substantiv überein. Nach dem Nominativ bzw. Akkusativ der genannten Grundzahlwörter steht das gezählte Substantiv im Genitiv Singular. Vgl. auch S. 56, 2.

N.	два дóма	две книги	три газéты
G.	двух домóв	двух книг	трёх газéт
D.	двум домáм	двум книгам	трём газéтам
A.	два дóма	две книги	три газéты
I.	двумя́ домáми	двумя́ книгами	тремя́ газéтами
P.	о двух домáх	о двух книгах	о трёх газéтах

Die übrigen Grundzahlwörter stimmen in Genitiv, Dativ, Instrumental und Präpositiv mit dem gezählten Substantiv überein. Nach dem Nominativ bzw. Akkusativ der genannten Grundzahlwörter steht das gezählte Substantiv im Genitiv Plural. Beispiele:

N.	пятна́дцать ученико́в
G.	пятна́дцати ученико́в
D.	пятна́дцати ученика́м
A.	пятна́дцать ученико́в
I.	пятна́дцатью ученика́ми
P.	о пятна́дцати ученика́х

Beachte: 1. Bei zusammengesetzten Zahlen wird in der Regel jedes einzelne Glied dekliniert. Beispiele:

N.	три́дцать оди́н журна́л
G.	тридцати́ одного́ журна́ла
D.	тридцати́ одному́ журна́лу
A.	три́дцать оди́н журна́л
I.	тридцатью́ одни́м журна́лом
P.	о тридцати́ одно́м журна́ле

2. Der Unterschied belebt/unbelebt ist nur in Verbindung mit оди́н, два (две), три und четы́ре zu beachten. Wenn оди́н, два (две), три, четы́ре vor Substantiven stehen, die Lebewesen bezeichnen, dann stimmen sie im Akkusativ mit dem Genitiv überein. Beispiele:

Мы встре́тили { одного́ ученика́.
двух това́рищей.
трёх преподава́телей.

Bei Zusammensetzungen mit два (две), три, четы́ре gleichen sich Nominativ und Akkusativ in jedem Falle. Beispiel: Профе́ссор встре́тил два́дцать два студе́нта.

Merke: 1. Nach den Grundzahlwörtern stehen in der Regel auch die sonst ungebräuchlichen Pluralformen von челове́к. Beispiele:

N.	два челове́ка	пять челове́к
G.	двух челове́к	пяти́ челове́к
D.	двум челове́кам	пяти́ челове́кам
A.	двух челове́к	пять челове́к
I.	двумя́ челове́ками	пятью́ челове́ками
P.	о двух челове́ках	о пяти́ челове́ках

Nach **тысяча, миллион** und anderen Grundzahlwörtern, die als Substantive dekliniert werden, können auch die Formen von **люди** stehen:

тысячи людей	две тысячи человек
Tausende von Menschen	zweitausend Menschen (Mann, Personen).

2. Der Gebrauch der Formen von **год** (G.Pl. **лет**):

N.	два года	пять лет
G.	двух лет	пяти лет
D.	двум годам	пяти годам
A.	два года	пять лет
I.	двумя годами	пятью годами
P.	о двух годах	о пяти годах

Die Sammelzahlwörter 1

У Беловых четверо детей. Двое из них уже взрослые. У Миши пятеро товарищей.

Für Zahlbegriffe von 2 bis 10 können Sammelzahlwörter gebraucht werden.

2 двое	5 пятеро	8 восьмеро
3 трое	6 шестеро	9 девятеро
4 четверо	7 семеро	10 десятеро

Die Sammelzahlwörter bezeichnen die Gesamtheit einer gezählten Menge. Nach **двое — десятеро** steht der Genitiv Plural.

Merke: 1. Sammelzahlen werden mit männlichen Substantiven verbunden, die Personen bezeichnen.

У колхозника семеро сыновей.

2. Sammelzahlen werden mit den Mehrzahlwörtern **дети** und **люди** verbunden.

У учителя двое детей. В комнате трое людей.

3. In Verbindung mit Mehrzahlwörtern müssen für die Zahlenwerte 2, 3 und 4 Sammelzahlen gebraucht werden.

Федя получил от отца трое часов.

Der Zahlwert 1 wird in Verbindung mit Mehrzahlwörtern durch die Pluralform zu один ausgedrückt. Vgl. S. 54, 1.

4. Zu den Sammelzahlwörtern gehören auch óба *m./s.* (óбе *w.*) = beide. Nach óба (óбе) steht ein folgendes Substantiv im Genitiv Singular.

óба мáльчика, óбе дéвочки.

c) Die Übereinstimmung von Subjekt und Prädikat (II)   2—3

В Совéтском Сою́зе живёт 228 миллиóнов человéк. Лишь в Китáе и в Индии живёт бóльше людéй. В СССР живёт приблизи́тельно сто нарóдов. В 1951 году́ в Москвé жи́ло пять миллиóнов москвичéй. В 1959 году́ в Москвé жи́ло бóлее пяти́ миллиóнов москвичéй. В су́мке лежáло пять я́блок.

Besteht das Subjekt eines einfachen Satzes aus einem Grundzahlwort und einem Substantiv, dann kann das Prädikat im Singular stehen. Das Prädikat wird in einem solchen Falle durch ein Verb gebildet, das ein Sein (Vorhandensein oder Enthaltensein) bzw. ein Sich-Befinden ausdrückt.

Merke: 1. Im Präteritum erscheint das Prädikat in der sächlichen Form.

2. Die Regel gilt im modernen Russisch nicht für den Gebrauch von два (две), три, четы́ре. Beispiel:

В су́мке лежáли четы́ре (двáдцать четы́ре) я́блока.

d) Zur Wiedergabe von „müssen" und „dürfen"   4—5

Он дóлжен рабóтать. Почтальóн дóлжен был везти́ пóчту из одногó селá в другóе. Я дóлжен торопи́ться. Мы должны́ торопи́ться. Онá должнá былá помогáть мáтери. Студéнты должны́ бу́дут уéхать. Здесь нельзя́ кури́ть. На олéнях нельзя́ бы́ло éхать.

„Müssen" (im Sinne von „verpflichtet sein", „schuldig sein") kann durch die prädikativen Formen дóлжен, должнá, должнó; должны́ ausgedrückt werden. Die nichtdeklinierbare Kurzform richtet sich dabei nach dem Geschlecht und der Zahl des Subjekts.

Vergleiche: Он дóлжен рабóтать.   Er muß arbeiten.
          Онá должнá рабóтать.   Sie muß arbeiten.
          Они́ должны́ рабóтать.   Sie müssen arbeiten.

Das Präteritum und das Futur werden mit den nachgestellten Formen von быть zusammengesetzt.

Merke: Он до́лжен был рабо́тать.   Er mußte arbeiten (hat *bzw.* hatte arbeiten müssen).
Она́ должна́ была́ рабо́тать.   Sie mußte arbeiten.
Они́ должны́ бы́ли рабо́тать.   Sie mußten arbeiten.
Он до́лжен бу́дет рабо́тать.   Er wird arbeiten müssen.
Она́ должна́ бу́дет рабо́тать.   Sie wird arbeiten müssen.
Мы должны́ бу́дем рабо́тать.   Wir werden arbeiten müssen.
Вы должны́ бу́дете рабо́тать.   Ihr werdet arbeiten müssen.
Они́ должны́ бу́дут рабо́тать.   Sie werden arbeiten müssen.

Beachte: Bei Verneinung (häufig im Sinne von „nicht dürfen") steht **не** in der Regel vor den Formen von **до́лжен**.

Ви́тя, ты не до́лжен так гро́мко петь.   Witja, du darfst nicht so laut singen.

„Dürfen" kann durch das Verb **мочь, смочь** *vo.* oder durch das prädikative **мо́жно** ausgedrückt werden.
In Verbindung mit **мо́жно** erscheint das Subjekt des deutschen Satzes im Dativ.

Мне мо́жно всё есть, что я хочу́.   Ich darf alles essen, was ich will.
Тебе́ мо́жно кури́ть.   Du darfst rauchen.
Ему́ мо́жно игра́ть в баскетбо́л.   Er darf Basketball spielen.

„Dürfen" in einer höflichen Frage drückt man häufig mit **мо́жно** aus. Beispiele:

Мо́жно мне войти́?   Darf ich eintreten?
Мо́жно мне Вам помо́чь?   Darf ich Ihnen helfen?

Das Präteritum und das Futur werden mit **бы́ло** bzw. **бу́дет** gebildet.

В клу́бе мо́жно бы́ло танцева́ть.   Im Klub durfte man tanzen.
В клу́бе мо́жно бу́дет танцева́ть.   Im Klub wird man tanzen dürfen.

„Nicht dürfen" wird durch die verneinten Formen von **до́лжен** (siehe oben) sowie durch das prädikative **нельзя́** ausgedrückt. In Verbindung mit **нельзя́** erscheint das Subjekt des deutschen Satzes im Dativ.

Мне нельзя́ есть, что я хочу́.   Ich darf nicht essen, was ich will.
Тебе́ нельзя́ кури́ть.   Du darfst nicht rauchen.
Ему́ нельзя́ игра́ть в баскетбо́л.   Er darf nicht Basketball spielen.

In einer höflichen Frage kann **нельзя ли** in der Bedeutung „erlauben Sie", „gestatten Sie" gebraucht werden.

Нельзя ли мне позвонить по телефону?	Gestatten Sie mir, daß ich telefoniere?

Das Präteritum und das Futur werden mit **было** bzw. **будет** gebildet. Beispiele:

В клубе нельзя было танцевать.	Im Klub durfte man nicht tanzen.
В клубе нельзя будет танцевать.	Im Klub wird man nicht tanzen dürfen.

9 a) Das Adjektiv / Das Adverb

Die Steigerung der Adjektive und Adverbien

Zur Bildung des Komparativs   1—5

Днепр длинн<u>ее</u> Д<u>о</u>н<u>а</u>. Но есть река, кот<u>о</u>рая длин<u>ее</u>, <u>чем</u> Днепр. В азиатской части СССР текут <u>более</u> длинные реки. Казбек и Эльбрус в<u>ы</u>ше Монблана. В азиатской части СССР есть вершины, которые гораздо в<u>ы</u>ше, <u>чем</u> Казбек и Эльбрус. Немного н<u>и</u>же, <u>чем</u> Пик Коммунизма — Пик Победы.

Волга становится ш<u>и</u>ре и гл<u>у</u>бже.

У меня есть <u>старший</u> брат и мл<u>а</u>дшая сестра. Брат <u>старше меня</u> на два года, а сестра <u>моложе меня</u> на пять лет.

Der einfache Komparativ   1—5

Der einfache Komparativ ist in Geschlecht, Zahl und Fall unveränderlich. Man bildet ihn, indem man an den Adjektivstamm **-ее** (in der Umgangssprache **-ей**) anfügt.

Positiv		Komparativ	
Adjektiv	Adverb		
медленный	медленно	медленн<u>ее</u>	(-ей)
красивый	красиво	красив<u>ее</u>	(-ей)
интересный	интересно	интересн<u>ее</u>	(-ей)
холодный	холодно	холодн<u>ее</u>	(-ей)
тёплый	тепло	тепл<u>ее</u>	(-ей)
весёлый	весело	весел<u>ее</u>	(-ей)

Nach Stämmen auf г, к, х, д, т, ст steht das Suffix -e. Die Stämme verändern sich nach den Regeln des Konsonantenwechsels: г-ж, к-ч, х-ш, д-ж, т-ч, ст-щ.

Positiv		Komparativ
Adjektiv	Adverb	
дорого́й	до́рого	доро́же
гро́мкий	гро́мко	гро́мче
ти́хий	ти́хо	ти́ше
чи́стый	чи́сто	чи́ще

Merke: 1. Die Betonung der Komparativformen auf -ее entspricht der Betonung der weiblichen Kurzform. Beispiel: весела́ — веселе́е. Ausnahme: здорове́е (здоро́ва).

2. Die Betonung der Komparativformen auf -e liegt stets auf dem Stamm.

Beachte: 1. Einfache Komparativformen werden von sog. Qualitätsadjektiven gebildet, jedoch nicht von allen. Zum Beispiel bildet больно́й keine einfachen Komparativformen.

2. Ausnahmen: худо́й (mager) — худе́е; дешёвый — деше́вле.

Unregelmäßige Bildungen einfacher Komparativformen

Positiv		Komparativ
Adjektiv	Adverb	
бли́зкий	бли́зко	бли́же
большо́й	— ⎫	бо́льше (бо́лее)
	мно́го ⎭	
высо́кий	высо́ко	вы́ше
глубо́кий	глубо́ко	глу́бже
далёкий	далеко́	да́льше (да́лее)
до́лгий	до́лго	до́льше (до́лее)
коро́ткий	коро́тко	коро́че

Positiv		Komparativ
Adjektiv	Adverb	
ма́ленький	— ⎫	ме́ньше (ме́нее)
	ма́ло ⎭	
плохо́й	пло́хо	ху́же
по́здний	по́здно	по́зже (поздне́е)
ра́нний	ра́но	ра́ньше (ра́нее)
ста́рый	—	ста́рше (старе́е)
хоро́ший	хорошо́	лу́чше
широ́кий	широ́ко	ши́ре

Beachte: 1. Die in Klammern stehenden Komparativformen auf -ee werden im modernen Russisch seltener gebraucht. Sie gelten in der Regel als Komparativformen des Adverbs.

2. Zwischen **ста́рше** und **старе́е** besteht ein Bedeutungsunterschied:

ста́рше   älter (im Sinne z. B. des Lebensalters)
старе́е   älter (im Gegensatz zu „neuer").

Merke: 1. Acht deklinierbare Komparativformen auf -ший, die meist auch Superlativbedeutung haben, kann man nach ihrer entgegengesetzten Bedeutung paarweise ordnen:

бо́льший	größerer	**ме́ньший**	kleinerer
вы́сший	höherer; höchster	**ни́зший**	niedrigerer; niedrigster
лу́чший	besserer; bester	**ху́дший**	schlechterer; schlechtester
ста́рший	älterer; ältester	**мла́дший**	jüngerer; jüngster

Diese Formen treten meist nur in festen Wendungen und Begriffen auf.

бо́льшая часть	der größere Teil
ме́ньшая часть	der kleinere Teil
вы́сшая матема́тика	höhere Mathematik
ста́рший лейтена́нт	Oberleutnant
ста́рший врач	Oberarzt
вы́сшее уче́бное заведе́ние	Hochschule

2. Ein Komparativ kann abgeschwächt werden. Dies geschieht durch Vorsetzen von по- bzw. durch ein Voranstellen der Adverbien немно́го oder не́сколько = etwas, ein wenig.

подойти́ побли́же	etwas näher herankommen
убежа́ть пода́льше	etwas weiter weglaufen
статья́ поинтере́снее	ein etwas interessanterer Artikel
немно́го лу́чше	etwas besser
не́сколько вы́ше	ein wenig höher

Der zusammengesetzte Komparativ   1—5

Der zusammengesetzte Komparativ wird gebildet, indem man vor den Positiv des Adjektivs бо́лее (seltener ме́нее) setzt. Бо́лее (ме́нее) ist unveränderlich.

бо́лее но́вый дом	ein neueres Haus
бо́лее дли́нная река́	ein längerer Fluß
бо́лее высо́кое де́рево	ein höherer Baum
бо́лее дли́нные ре́ки	längere Flüsse
Он слу́шает бо́лее внима́тельно.	Er hört aufmerksamer zu.
Э́та ро́за бо́лее краси́ва.	Diese Rose ist schöner.
Э́ти ро́зы бо́лее краси́вы.	Diese Rosen sind schöner.
Э́то ме́нее интере́сный рома́н.	Das ist ein weniger interessanter Roman.

„als" beim Komparativ   1—5

Das deutsche „als" nach dem Komparativ kann wiedergegeben werden:
1. bei einfachen Komparativformen durch den Genitiv des Wortes, mit dem verglichen wird.

Днепр длинне́е До́на. Э́та кни́га интере́снее друго́й. Э́тот класс чи́ще друго́го.

2. durch чем. Das Wort, mit dem verglichen wird, steht meist im Nominativ. Vor чем (als) wird ein Komma gesetzt.

Есть река́, кото́рая длинне́е, чем Днепр. Вчера́ была́ бо́лее хоро́шая пого́да, чем сего́дня. Я с твои́м отцо́м разгова́ривал до́льше, чем с твое́й ма́терью. В Кита́е живёт бо́льше люде́й, чем в Инди́и.

Zum Gebrauch des Komparativs   1—5

Der einfache Komparativ steht meist als Prädikat. Beispiele:

Аму́р длинне́е Енисе́я. Дя́дя Фёдор ста́рше отца́.

Der zusammengesetzte Komparativ kann als Attribut oder als Prädikat stehen.

Мы ещё не видели более высокого здания. Эта книга более интересная, чем другая.

Zur Bildung des Superlativs 1—5

Величайшие из рек — Иртыш, Обь, Енисей, Лена и Амур.

Длиннейшая река — Амур. Высочайшая вершина всего Советского Союза — Пик Коммунизма. Волга впадает в величайшее озеро на земле, в Каспийское море.

Der einfache Superlativ 1—5

Man bildet den einfachen Superlativ, indem man an den Stamm des Adjektivs -ейший anfügt. Geht der Stamm auf г, к, х aus, so wird -айший angefügt. Die Stämme verändern sich nach den Regeln des Konsonantenwechsels: г-ж, к-ч, х-ш.

Positiv	einfacher Superlativ		
медленный	медленнейший,	-ая, -ее;	-ие
красивый	красивейший,	-ая, -ее;	-ие
интересный	интереснейший,	-ая, -ее;	-ие
длинный	длиннейший,	-ая, -ее;	-ие
важный	важнейший,	-ая, -ее;	-ие
высокий	высочайший,	-ая, -ее;	-ие
великий	величайший,	-ая, -ее;	-ие
тихий	тишайший,	-ая, -ее;	-ие

Unregelmäßige Bildungen einfacher Superlativformen

Positiv	einfacher Superlativ		
близкий	ближайший,	-ая, -ее;	-ие
низкий	нижайший,	-ая, -ее;	-ие
дорогой	дражайший,	-ая, -ее;	-ие
короткий	кратчайший,	-ая, -ее;	-ие

Merke: 1. -айш- wird stets betont.
2. -ейш- wird betont, wenn der einfache Komparativ auf betontes -ée oder auf -e ausgeht. Die Betonung aller übrigen Formen auf -ейш- richtet sich nach der Betonung des Positivs.

Beachte: Einfache Superlativformen können nicht von allen Qualitätsadjektiven gebildet werden. Keine einfachen Superlativformen bilden z. B.: больно́й, гро́мкий, молодо́й, плохо́й.

Der zusammengesetzte Superlativ 1—5

Der zusammengesetzte Superlativ kann mit са́мый, -ая, -ое; -ые gebildet werden, vgl. S. 9. Er kann auch durch Verbindung des einfachen Komparativs mit всего́ bzw. всех gebildet werden. Er steht dann immer als Prädikat:

Ко́ля ме́дленнее всех.	Kolja ist langsamer als alle *anderen* (... der langsamste).
Э́та кни́га интере́снее всех.	Dieses Buch ist interessanter als alle *anderen* (... das interessanteste).
Жизнь челове́ку доро́же всего́.	Das Leben ist dem Menschen teurer als alles *andere* (... am teuersten).

Zum Gebrauch des Superlativs 1—5

Der einfache Superlativ auf -ейш- (-а́йш-) steht meist als Attribut. Er findet überwiegend in der Schriftsprache Verwendung.

Высоча́йшие верши́ны СССР — Пик Коммуни́зма и Пик Побе́ды.

Der einfache Superlativ auf -ейш- (-а́йш-) kann die Bedeutung des Elativs haben. Der Elativ gibt, ohne Vergleich, einen sehr hohen Grad einer Eigenschaft an.

велича́йший поэ́т	ein sehr bedeutender, ein äußerst bedeutender Dichter
важне́йший вопро́с	eine höchst wichtige, eine außerordentlich wichtige Frage
добре́йшая же́нщина	eine sehr gutmütige Frau

Der mit са́мый zusammengesetzte Superlativ steht meist als Attribut, kann aber auch als Prädikat gebraucht werden.

Во́лга — са́мая дли́нная река́ в Евро́пе. Мы осмотре́ли са́мую большу́ю маши́ну. Э́тот ма́льчик — са́мый весёлый.

b) Das Substantiv

Die Deklination von путь   3

Как изве́стно, во́дный путь са́мый дешёвый. С се́вера на юг, туда́ и обра́тно, по во́дному пути́ иду́т парохо́ды.

Als einziges männliches Substantiv gehört путь zur и-Deklination, vgl. S. 16. Nur der Instrumental Singular lautet abweichend: путём.

c) Die Präpositionen

ме́жду	= zwischen	1
с (со)	= von, von ... her, von ... herab; von ... an	3
че́рез *zeitl.*	= nach, nach Verlauf von; in	4

Вы́сшие го́ры Кавка́за ме́жду Евро́пой и А́зией. Мы гуля́ли ме́жду до́мом и реко́й.
Nach der Präposition ме́жду steht der Instrumental.

С се́вера на юг иду́т парохо́ды. Учени́к говори́л с ме́ста. Хозя́ин уе́хал со двора́. Он рабо́тал с утра́ до ве́чера.
Nach der Präposition с (со) steht der Genitiv.

Уже́ че́рез неде́лю я охо́тно уходи́л из до́ма на заво́д. Това́рищи приду́т че́рез час.
Nach der Präposition че́рез steht der Akkusativ.

10   a) Das Verb

Zur Wiedergabe von „wollen"   1/3

Мне хо́чется осмотре́ть дом.	Ich will (möchte gern) das Haus besichtigen.
Ма́льчику о́чень хоте́лось учи́ться.	Der Junge wollte sehr gern lernen.
Нам хо́чется немно́го погуля́ть.	Wir haben Lust, ein wenig spazieren zu gehen.

„Wollen" im Sinne von „gern mögen", „Lust haben" kann durch die unpersönliche Konstruktion „мне хо́чется" (*Prät.* „мне хоте́лось") wiedergegeben werden.
Das Subjekt des deutschen Satzes steht im Dativ. Im Präteritum erscheint stets die sächliche Form.

Merke: *Präsens*

мне хо́чется	ich will (möchte gern; habe Lust)
тебе́ хо́чется	du willst
ему́ хо́чется	er will
ей хо́чется	sie will
нам хо́чется	wir wollen *usw.*

Präteritum

мне хоте́лось	ich wollte
	(habe gewollt; hatte gewollt)
тебе́ хоте́лось	du wolltest *usw.*

Ein zusammengesetztes Futur wird nicht gebildet. Das Futur kann jedoch im vollendeten Aspekt ausgedrückt werden. Beispiele:

мне захо́чется	ich werde wollen
	(werde gern mögen; werde Lust haben)
тебе́ захо́чется	du wirst wollen *usw.*

Die Verben auf -овать 2

Компози́тор дирижи́рует. Космона́вты чу́вствуют себя́ хорошо́. Де́вушка лю́бит танцева́ть, она́ танцу́ет о́чень хорошо́.

Die Verben auf -овать zeigen im Präsens gleiche Veränderungen. Das Suffix -ова- (nach Zischlauten und nach ц -ева-) wird zu -у-. Beispiele:

чу́вств-ова-ть   танц-ева́-ть
   чу́вств-у-ю   танц-у́-ю
   чу́вств-у-ешь   танц-у́-ешь
   чу́вств-у-ют   танц-у́-ют

Beachte: Zu den Verben auf -овать gehören vielfach Fremdwörter. Beispiele:

организова́ть	organisieren
интересова́ть	interessieren
про́бовать	probieren
диктова́ть	diktieren
критикова́ть	kritisieren
фотографи́ровать	photographieren
телеграфи́ровать	telegraphieren
конструи́ровать	konstruieren

b) Das Pronomen

Das Relativpronomen который 1—4

Мне хо́чется в Клину́ осмотре́ть дом, в <u>кото́ром</u> жил и рабо́тал П. И. Чайко́вский. На э́том вокза́ле есть ка́ссы, в <u>кото́рых</u> продаю́т биле́ты на электри́чку.

Кото́рый leitet einen Relativsatz ein. Es stimmt in Geschlecht und Zahl mit seinem Beziehungswort überein (vgl. Gramm. Beiheft 1, S. 28). Sein Fall richtet sich nach der Funktion im Relativsatz. **Кото́рый** wird wie ein Adjektiv dekliniert.

Учени́к о́тдал кни́гу, <u>кото́рую</u> он вчера́ прочита́л.	Der Schüler gab das Buch zurück, welches (das) er gestern gelesen hatte.
Анто́н Ка́рлович, с <u>кото́рым</u> я ещё в суббо́ту разгова́ривал, уе́хал в Клин.	Anton Karlowitsch, mit dem ich mich noch am Sonnabend unterhalten habe, ist nach Klin gefahren.
Де́вушка, о <u>кото́рой</u> мне писа́ла На́дя, неда́вно око́нчила университе́т.	Das junge Mädchen, von dem mir Nadja geschrieben hatte, beendete unlängst die Universität.

Merke: Die Genitivformen **кото́рого, кото́рой; кото́рых** werden in der Bedeutung „dessen", „deren" gebraucht.
Beispiele:

Инжене́р Петро́в, сын <u>кото́рого</u> у́чится со мной в одно́м кла́ссе, стал дире́ктором.	Der Ingenieur Petrow, dessen Sohn mit mir in einer Klasse lernt, ist Direktor geworden.
В то вре́мя ю́ноше, оте́ц <u>кото́рого</u> был просты́м рыбако́м, почти́ невозмо́жно бы́ло получи́ть образова́ние.	In jener Zeit war es für einen jungen Mann, dessen Vater einfacher Fischer war, fast unmöglich, eine Ausbildung zu erhalten.
Пионе́ры Пе́тя и Во́ва, роди́тели <u>кото́рых</u> вчера́ уе́хали в А́страхань, сего́дня пое́дут в пионе́рский ла́герь Арте́к.	Die Pioniere Petja und Wowa, deren Eltern gestern nach Astrachan gefahren sind, reisen heute in das Pionierlager Artek.

Beachte: Die Genitivform von **кото́рый** steht nach dem Substantiv, das den Nebensatz einleitet.

Das bestimmende Pronomen **сам** *selbst, selber* 1—2

Еле́на Никола́евна <u>сама́</u> неде́лю наза́д побыва́ла в Клину́. Чайко́вский <u>сам</u> дирижи́ровал в Петербу́рге. В дом-музе́й ча́сто прихо́дят ю́ноши и де́вушки, кото́рые <u>са́ми</u> хотя́т стать музыка́нтами и компози́торами. На стена́х вися́т фотогра́фии, кото́рые пока́зывают <u>самого́</u> Чайко́вского и други́х компози́торов. Он говори́л с ним <u>сами́м</u>.

Kasus	Singular			Plural
	männlich	sächlich	weiblich	alle 3 Geschlechter
N.	сам	само́	сама́	са́ми
G.	самого́		само́й	сами́х
D.	самому́		само́й	сами́м
A.	сам (самого́)	само́	саму́	са́ми (сами́х)
I.	сами́м		само́й	сами́ми
P.	о само́м		о само́й	о сами́х

Sprich: -ого wie [-owo]

Beachte: 1. Neben der Instrumentalform **само́й** wird auch **само́ю** gebraucht.
2. In der Schriftsprache lautet die Akkusativform **саму́** = **само́ё**.
3. Die Betonung von **сам** liegt mit Ausnahme des Nominativs bzw. Akkusativs Plural auf den Endungen.

Das bestimmende Pronomen **са́мый** 1—2

<u>Са́мая</u> высо́кая гора́ в за́падной Евро́пе — Монбла́н.	Der höchste Berg in Westeuropa ist der Montblanc.
Музе́й нахо́дится на <u>са́мом</u> конце́ у́лицы.	Das Museum befindet sich am äußersten Ende (ganz am Ende) der Straße.
Пионе́рский ла́герь Арте́к нахо́дится на <u>са́мом</u> берегу́ Чёрного мо́ря.	Das Pionierlager Artek befindet sich unmittelbar (direkt) am Ufer des Schwarzen Meeres

Das bestimmende Pronomen **са́мый, -ая, -ое; -ые** dient zur Bildung des Superlativs, vgl. S. 9. Vor Substantiven wird es in den Bedeutungen „äußerst" („ganz"), „unmittelbar" („direkt") gebraucht.

Merke: **Сáмый** kann mit dem Demonstrativpronomen **тот** (seltener auch mit **э́тот**) verbunden werden. Es bedeutet dann: „derselbe", „eben jener" *bzw.* „derselbe", „eben dieser". Beispiele:

Тот сáмый врач помóг моемý отцý.	Derselbe Arzt hat meinem Vater geholfen.
Об э́том сáмом мы и дýмаем.	Eben daran (an das) denken wir.
В класс вошлá та сáмая учи́тельница.	Die Klasse betrat (In die Klasse ging hinein) eben jene Lehrerin.
Э́ту сáмую дéвушку мы встрéтили в теáтре.	Eben dieses junge Mädchen trafen wir im Theater.
В те сáмые минýты космонáвты спáли.	In eben jenen Minuten schliefen die Raumfahrer.

Kasus	Singular			Plural
	männlich	sächlich	weiblich	alle 3 Geschlechter
N.	сáмый	сáмое	сáмая	сáмые
G.	сáмого		сáмой	сáмых
D.	сáмому		сáмой	сáмым
A.	сáмый (сáмого)	сáмое	сáмую	сáмые (сáмых)
I.	сáмым		сáмой	сáмыми
P.	о сáмом		о сáмой	о сáмых

Sprich: **-ого** wie [-owo]

Beachte: 1. Neben der Instrumentalform **сáмой** wird **сáмою** gebraucht.
2. Die Betonung von **сáмый** liegt stets auf dem Stamm.

Das Fragepronomen чей 5

Э́то чей карандáш, чья авторýчка? Э́то чьи вéщи? Чьё крéсло? Чью óперу вы знáете? Чьё произведéние ты читáл? Чьи брáтья? Чьё окнó? Чья земля́? Чей чай?

Mit **чей, чья, чьё; чьи** (wessen, wem gehörig) fragt man nach Personen und Sachen. Die Formen von **чей** stimmen in Geschlecht, Zahl und Fall mit dem Substantiv überein, nach dessen Zugehörigkeit gefragt wird.

Kasus	Singular			Plural
	männlich	sächlich	weiblich	alle 3 Geschlechter
N.	чей	чьё	чья	чьи
G.	чьего́		чьей	чьих
D.	чьему́		чьей	чьим
A.	чей	чьё	чью	чьи
	(чьего́)			(чьих)
I.	чьим		чьей	чьи́ми
P.	о чьём		о чьей	о чьих

Sprich: -его́ wie [-jewó]

Beachte: 1. Neben der Instrumentalform чьей wird чье́ю gebraucht.
2. Чей kann auch als Relativpronomen stehen. Beispiel:
М. А. Шо́лохов, чьё и́мя изве́стно всему́ ми́ру, роди́лся в 1905 году́.

c) **Die Präposition при = bei, an; in unmittelbarer Nähe von**   2—3

В до́ме всё стои́т на своём ме́сте, как э́то бы́ло при жи́зни компози́тора. В университе́те при Акаде́мии нау́к Ломоно́сов занима́лся хи́мией и фи́зикой. При до́ме сад.

Nach der Präposition при steht der Präpositiv.
Merke: при жи́зни zu (bei) Lebzeiten.

a) Das Substantiv

Die Deklination männlicher Substantive auf -ий   1

Мать де́вочки рабо́тала в санато́рии.

Männliche Substantive, die auf -ий ausgehen (z. B. санато́рий) haben im Präpositiv Singular die Endung -и.

b) Das Pronomen

Die verneinenden Pronomen   1

Я не хочу́ ничего́ друго́го. Таню́ша ни о чём друго́м не ду́мала как о медве́де с кра́сной ле́нтой. Тако́го медве́дя я ещё ни у кого́ не ви́дела. Не дава́й медве́дя никому́ друго́му. Таню́ша бо́льше ни с кем не игра́ла.

Kasus	никто́ niemand	ничто́ nichts
N.	никто́	ничто́
G.	никого́	ничего́
D.	никому́	ничему́
A.	никого́	ничто́
I.	нике́м	ниче́м
P.	ни о ком	ни о чём

Beachte: Die verneinenden Pronomen никто́ und ничто́ sind aus der Verneinungspartikel ни- und dem eigentlichen Pronomen zusammengesetzt. Dasselbe gilt für никако́й, -а́я, -о́е; -и́е = kein, keinerlei.

Merke: Werden verneinende Pronomen in Verbindung mit einer Präposition gebraucht, dann tritt die Präposition zwischen die Verneinungspartikel ни und das eigentliche Pronomen.

c) Das Zahlwort

Zur Deklination der Grundzahlwörter (II) 2—3

От Берли́на до Фра́нкфурта-на-Ма́йне бо́лее пятисо́т киломе́тров. От Га́мбурга до Шту́тгарта бо́лее семисо́т киломе́тров. От Москвы́ до Владивосто́ка бо́лее шести́ ты́сяч киломе́тров. Моро́зы дохо́дят до сорока́, да́же до пяти́десяти гра́дусов. В Верхоя́нске температу́ра во́здуха дохо́дит до ми́нус шести́десяти восьми́ гра́дусов по Це́льсию. Снег де́ржится бо́лее двухсо́т дней.

Die Grundzahlwörter пятьдеся́т ... во́семьдесят 2—3

N.	пятьдеся́т	во́семьдесят
G.	пяти́десяти	восьми́десяти
D.	пяти́десяти	восьми́десяти
A.	пятьдеся́т	во́семьдесят
I.	пятью́десятью	восемью́десятью
P.	о пяти́десяти	о восьми́десяти

Die Grundzahlwörter пятьдеся́т, шестьдеся́т, се́мьдесят und во́семьдесят werden nach der и-Deklination dekliniert, vgl. S. 16.

Beachte: 1. Die Betonung liegt mit Ausnahme des Nominativs und des Akkusativs auf der Endung des ersten Teiles der Zusammensetzung.

2. In der Umgangssprache können die Formen des Instrumentals auch lauten: пятидесятью, шестидесятью, семидесятью, восьмидесятью.

Die Grundzahlwörter **сорок, девяносто** *und* **сто**　　　2—3

N.	сорок	девяносто	сто
G.	сорока	девяноста	ста
D.	сорока	девяноста	ста
A.	сорок	девяносто	сто
I.	сорока	девяноста	ста
P.	о сорока	о девяноста	о ста

Beachte: Die Formen von **сорок** sind mit Ausnahme des Nominativs endungsbetont.

Die Grundzahlwörter **двести, триста, четыреста, пятьсот … девятьсот**　　　2—3

N.	двести	триста	четыреста	пятьсот
G.	двухсот	трёхсот	четырёхсот	пятисот
D.	двумстам	трёмстам	четырёмстам	пятистам
A.	двести	триста	четыреста	пятьсот
I.	двумястами	тремястами	четырьмястами	пятьюстами
P.	о двухстах	о трёхстах	о четырёхстах	о пятистах

Beachte: 1. Die Betonung liegt mit Ausnahme des Nominativs und des Akkusativs auf dem zweiten Teil der jeweiligen Zusammensetzung.

2. Im Genitiv, Dativ und Präpositiv von **триста** und **четыреста** steht ё in unbetonter Silbe.

Die Deklination zusammengesetzter Zahlen　　　2—3

Bei zusammengesetzten Zahlen wird in der Literatursprache jedes einzelne Glied dekliniert:

N.	две	тысячи	триста	шестьдесят	километров
G.	двух	тысяч	трёхсот	шестидесяти	километров
D.	двум	тысячам	трёмстам	шестидесяти	километрам

Merke: Тысяча (миллион, миллиард) werden wie entsprechende Substantive dekliniert. Der Instrumental von тысяча kann lauten: тысячей oder тысячью.

d) Die Präposition против = gegenüber, gegen 2

Против дома стоит памятник. Пароход идёт против ветра. Расстояния в Германии коротки против расстояний в СССР.

Nach der Präposition против steht der Genitiv.

Merke: за и против = für und wider.

e) Das Pronomen

Zur Bildung unbestimmter Pronomen 4

Каждый хотел сделать Люсе какой-нибудь приятный подарок. Одна девушка принесла тетрадь и ручку, другая книгу и портфель, третья ещё что-нибудь. Все хотели чем-нибудь помочь. Но вдруг кто-то вспомнил, что от совхоза до школы более сорока километров. Кто-то написал на маленькой доске: Станция „Люся".

Unbestimmte Pronomen können gebildet werden, indem man an die Fragepronomen кто/что/какой die Partikeln -то und -нибудь anfügt.

N.	кто-то	что-то	какой-то
	кто-нибудь	что-нибудь	какой-нибудь
G.	кого-то	чего-то	какого-то
	кого-нибудь	чего-нибудь	какого-нибудь
D.	кому-то	чему-то	какому-то
	кому-нибудь	чему-нибудь	какому-нибудь

Die mit -то bzw. -нибудь gebildeten unbestimmten Pronomen unterscheiden sich in der Bedeutung. Vergleiche:

кто-то   jemand; *eine bestimmte, aber nicht bekannte Person*
кто-нибудь   irgend jemand (beliebiger); *ganz gleich wer*

что́-то	etwas; *etwas Bestimmtes*
что́-нибудь	irgend etwas; *etwas Beliebiges*
како́й-то	unbekannt was für ein, irgendein; *ein bestimmter, aber nicht näher bekannter*
како́й-нибудь	irgendein beliebiger

Beachte: -то und -нибудь sind stets unbetont.

f) Die ungefähre Zahlenangabe 5

Уро́к продолжа́ется 45 мину́т.	Eine Unterrichtsstunde dauert 45 Minuten.
Ле́том 1928 го́да А. М. Го́рький неде́ли две жил в Ленингра́де.	Im Sommer 1928 wohnte A. M. Gorki etwa (ungefähr) zwei Wochen in Leningrad.
На у́лице стоя́л ма́льчик лет десяти́.	Auf der Straße stand ein etwa zehnjähriger Junge.

Grundzahlwörter stehen vor dem Substantiv. Erscheint das Grundzahlwort hinter dem Substantiv, so bezeichnet es eine ungefähre Zahlenangabe.

g) Das Verb

Die Partizipien des Aktivs

Das Partizip Präsens Aktiv 5

К Го́рькому приходи́л начина́ющий писа́тель ..., приходи́ли начина́ющие журнали́сты ...	*wörtl.* Zu Gorki kam ein beginnender Schriftsteller ..., kamen beginnende Journalisten.
Запи́ска упа́ла пря́мо на лежа́щую пе́ред писа́телем кни́гу.	Der Zettel fiel direkt auf das vor dem Schriftsteller liegende Buch.
У Ве́ры есть говоря́щий попуга́й.	Vera besitzt einen sprechenden Papagei.
Оте́ц уви́дел на дворе́ игра́ющих дете́й.	Vater sah (erblickte) auf dem Hof spielende Kinder.
Анто́н вчера́ получи́л письмо́ от дру́га, живу́щего в Москве́.	Anton erhielt gestern einen Brief von (seinem) Freund, der in Moskau lebt. (... von seinem in Moskau lebenden Freund.)

Das Partizip Präsens Aktiv wird nur von unvollendeten Verben gebildet. Man leitet es ab von der 3. Person Plural des Präsens. Das -т der Endung wird ersetzt durch: -щий, -щая, -щее; щие.

рабо́тать	рабо́таю-т	рабо́таю-щий	(der arbeitende)
писа́ть	пишу́-т	пишу́-щий	(der schreibende)
дава́ть	даю́-т	даю́-щий	(der gebende)
нести́	несу́-т	несу́-щий	(der tragende)
говори́ть	говоря́-т	говоря́-щий	(der sprechende)
лежа́ть	лежа́-т	лежа́-щий	(der liegende)
кури́ть	ку́ря-т	куря́-щий	(der rauchende)

Beachte: 1. Bei Verben der e-Konjugation stimmt die Betonung mit der der 3. Person Plural Präsens überein.

2\. Bei Verben der и-Konjugation stimmt die Betonung mit der der 1. Person Singular Präsens überein.

3\. Ausnahmen:

люби́ть	лю́бящий	(der liebende)
служи́ть	слу́жащий	(der dienende) u. a.

Das Partizip Präteritum Aktiv 5

Ма́льчик, <u>чита́вший</u> кни́гу, встал и ушёл.

Der Junge, der das Buch gelesen hatte, stand auf und ging fort. (Der das Buch gelesen habende Junge ...)

Явля́лись та́кже чита́тели, <u>прие́хавшие</u> в Ленингра́д то́лько для того́, что́бы уви́деть большо́го до́брого Го́рького.

Es erschienen auch Leser, die nur deshalb nach Leningrad gekommen waren, um den großen guten Gorki zu sehen.

Но éсли придёт ма́льчик, <u>бы́вший</u> до обе́да у меня́, пропусти́те его́ ко мне.

Aber wenn der Junge kommt, der am Vormittag bei mir gewesen ist, dann lassen Sie ihn zu mir durch.

Пионе́ры встре́тили учёного, <u>написа́вшего</u> интере́сную кни́гу о Сиби́ри.

Die Pioniere trafen den Gelehrten, der ein interessantes Buch über Sibirien geschrieben hat.

Мы разгова́ривали с <u>око́нчившими</u> шко́лу де́вушками.

Wir unterhielten uns mit den jungen Mädchen, die die Schule beendet hatten. (... mit den die Schule beendet habenden jungen Mädchen.)

Das Partizip Präteritum Aktiv wird von unvollendeten und von vollendeten Verben gebildet. Man leitet es ab von der männlichen Form des Präteritums.

1. Wenn das Verb im Präteritum auf -л endet, dann wird das -л ersetzt durch: -вший, -вшая, -вшее; -вшие.

работать	работа-л	работа-вший	(der, der gearbeitet hat; der, der gearbeitet hatte; *wörtl.* der gearbeitet habende)
написать	написа-л	написа-вший	(der, der geschrieben hat)
быть	бы-л	бы-вший	(der, der gewesen ist)
встретить	встрети-л	встрети-вший	(der, der getroffen hat)

2. Wenn das Verb im Präteritum auf einen Konsonanten endet, so wird dem Konsonanten -ший, -шая, -шее; -шие angefügt.

нести	нёс	нёс-ший	(der, der getragen hat)
расти	рос	рос-ший	(der, der gewachsen ist)
помочь	помог	помог-ший	(der, der geholfen hat)

3. Ausnahmen:

вести	ведший	(der, der geführt hat)
идти	шедший	(der, der gegangen ist)
прийти	пришедший	(der, der angekommen ist)

Beachte: Die Betonung stimmt meist mit der Betonung der männlichen Form des Präteritums überein.

Die Deklination der Partizipien des Aktivs 5

Das Partizip Präsens Aktiv und das Partizip Präteritum Aktiv werden wie Adjektive dekliniert.

N.	играющий мальчик	окончившие школу ученики
G.	играющего мальчика	окончивших школу учеников
D.	играющему мальчику	окончившим школу ученикам
A.	играющего мальчика	окончивших школу учеников
I.	играющим мальчиком	окончившими школу учениками
P.	об играющем мальчике	об окончивших школу учениках

Partizipien von reflexiven Verben 5

Мальчик смотрел на улыба́ющегося Го́рького.	Der Junge blickte auf den lächelnden Gorki.
Находи́вшиеся в Аме́рике спортсме́ны верну́лись домо́й.	Die Sportler, die sich in Amerika aufgehalten haben, sind nach Hause zurückgekehrt.

Von reflexiven Verben gebildete Partizipien haben stets die Endung -ся.

Zum Gebrauch der Partizipien des Aktivs 5

Die Partizipien des Aktivs finden in der Umgangssprache nur selten Verwendung. Sie werden überwiegend in der Schriftsprache gebraucht.
Die Partizipien des Aktivs haben nur Langformen (attributive Formen), vgl. Gramm. Beiheft. 1, S. 36. Die Partizipien sind wie Adjektive nach Geschlecht, Zahl und Fall veränderlich.
In besonderen Konstruktionen stehen die Partizipien des Aktivs häufig anstelle von Relativsätzen.

Мой брат, рабо́тающий в Ки́еве, в сре́ду прие́дет домо́й.	Mein Bruder, der in Kiew arbeitet, wird am Mittwoch nach Hause kommen.
Мой брат, рабо́тающий в Ки́еве, в сре́ду прие́хал домо́й.	Mein Bruder, der in Kiew arbeitet, ist am Mittwoch nach Hause gekommen.
Профе́ссор, сде́лавший ва́жное откры́тие, в сре́ду пое́дет в Москву́.	Der Professor, der eine wichtige Entdeckung gemacht hat, wird am Mittwoch nach Moskau fahren.
Профе́ссор, сде́лавший ва́жное откры́тие, в сре́ду пое́хал в Москву́.	Der Professor, der eine wichtige Entdeckung gemacht hat, ist am Mittwoch nach Moskau gefahren.

Merke: Das Partizip Präsens Aktiv bezeichnet in der Regel eine Nebenhandlung, die mit der Haupthandlung des Satzes gleichzeitig verläuft. Das Partizip Präteritum Aktiv bezeichnet in der Regel eine Nebenhandlung, die vorzeitig verlaufen ist. Die Haupthandlung kann sich in beliebiger Zeit (Gegenwart, Vergangenheit oder Zukunft) vollziehen.

Die Adverbialpartizipien

Das Adverbialpartizip auf **-я (-а)**

Алексе́й Макси́мович, <u>си́дя</u> у откры́того окна́, рабо́тал.	Alexei Maximowitsch saß am offenen Fenster und arbeitete. (. . ., sitzend am offenen Fenster, . . .)
— Ты бро́сил запи́ску? — спроси́л Го́рький, широко́ <u>улыба́ясь</u>.	— Hast du den Zettel geworfen? — fragte Gorki, indem er über das ganze Gesicht lächelte. (. . . über das ganze Gesicht lächelnd.)
Не <u>слы́ша</u> слов писа́теля, ма́льчик перебега́л че́рез пло́щадь.	Der Junge hörte die Worte des Schriftstellers nicht und lief über den Platz. (Nicht hörend die Worte des Schriftstellers . . . *bzw.* . . . ohne auf die Worte des Schriftstellers zu hören . . .)

Das Adverbialpartizip auf **-я (-а)** wird zumeist von unvollendeten Verben gebildet. Man leitet es ab von der 3. Person Plural des Präsens. Die Endungen **-ют (-ут)** bzw. **-ят (-ат)** werden durch **-я** (nach Zischlaut durch **-а**) ersetzt.

рабо́тать	рабо́та-ют	рабо́та-я
стро́ить	стро́-ят	стро́-я
слы́шать	слы́ш-ат	слы́ш-а

Unregelmäßige Bildungen:

| дава́ть | дава́я | быть | бу́дучи |
| встава́ть | встава́я | | |

Von manchen häufig vorkommenden Verben (**писа́ть, бежа́ть, е́хать, хоте́ть, звать, ждать**) kann kein Adverbialpartizip auf **-я (-а)** gebildet werden.

Beachte: Die Betonung stimmt mit der Betonung der 1. Person Singular des Präsens überein. Ausnahmen: **сижу́ — си́дя; лежу́ — лёжа**.

Das Adverbialpartizip auf **-в -вши; -ши**   5

<u>Прочита́в</u> запи́ску, Го́рький подошёл к окну́.	Nachdem er den Zettel gelesen hatte, trat Gorki ans Fenster. (Den Zettel gelesen habend, . . .)

Да́вши прика́з пропусти́ть ма́льчика, Го́рький опя́ть сел за стол.	Nachdem er Anweisung gegeben hatte, den Jungen durchzulassen, setzte sich Gorki wieder an den Tisch. (Anweisung gegeben habend, ...)
Алексе́й Макси́мович, <u>взяв</u> в ру́ки газе́ту, сел на дива́н.	Alexei Maximowitsch nahm die Zeitung in die Hände und setzte sich auf das Sofa. (Die Zeitung in die Hände genommen habend, ...)

Dieses Adverbialpartizip wird überwiegend von vollendeten Verben gebildet. Man leitet es ab vom Partizip Präteritum Aktiv. Die Endung -вший wird durch -в bzw. -вши, die Endung -ший durch -ши ersetzt.

прочита́ть	прочита́-вший	прочита́-в	(прочита́-вши)
оконча́ть	око́нчи-вший	око́нчи-в	(око́нчи-вши)
принести́	принёс-ший	принёс-ши	

Beachte: 1. Die Form auf -в kommt häufiger vor. Die Form auf -вши tritt mehr in der Umgangssprache auf.

2. Reflexive Verben haben stets die Endung -вшись (-шись). Beispiel:

| находи́ться | находи́-вшийся | находи́-вшись |

3. Die Betonung stimmt meist mit der des Infinitivs überein.

Zum Gebrauch der Adverbialpartizipien 5

Die Adverbialpartizipien werden überwiegend in der Schriftsprache gebraucht. Sie sind unveränderlich.
Sie stehen im Satz meist zum Ausdruck einer Nebenhandlung. Diese Nebenhandlung erläutert die durch das Prädikat des Satzes ausgedrückte Haupthandlung. Haupt- und Nebenhandlung haben das gleiche Subjekt.

Merke: 1. Das Adverbialpartizip auf -я (-а) bezeichnet in der Regel eine Nebenhandlung, die mit der Haupthandlung gleichzeitig verläuft. Die Wiedergabe im Deutschen erfolgt meist durch ein weiteres Prädikat. Beispiel:

Алексе́й Макси́мович, <u>си́дя</u> на дива́не, улыба́лся.	Alexei Maximowitsch saß auf dem Sofa und lächelte.

2. Das Adverbialpartizip auf -в, -вши; -ши bezeichnet in der Regel eine Nebenhandlung, die gegenüber der Haupthandlung vorzeitig verlaufen ist.

Die Wiedergabe im Deutschen kann durch ein weiteres Prädikat, nicht selten aber auch durch einen Adverbialsatz der Zeit erfolgen. Beispiele:

<u>Взяв</u> свой фотоаппара́т, ма́льчик вы́бежал из ко́мнаты.	Der Junge nahm seinen Fotoapparat und lief aus dem Zimmer. (Nachdem der Junge seinen Fotoapparat genommen hatte, lief er aus dem Zimmer.)

Beachte: Adverbialpartizipien können selbständig keine Zeit ausdrücken. Bei ihrer Übersetzung ins Deutsche muß man genau auf den Zeitbezug zur Prädikatshandlung achten. Vergleiche:

Мы идём разгова́ривая.	Wir gehen und unterhalten uns.
Мы шли разгова́ривая.	Wir gingen und unterhielten uns.
Мы бу́дем идти́ разгова́ривая.	Wir werden gehen und uns unterhalten.
Поза́втракав, мы пошли́ да́льше.	Nachdem wir gefrühstückt hatten, gingen wir weiter.
Поза́втракав, мы пойдём да́льше.	Wir werden frühstücken und weitergehen.
Поза́втракав, мы идём да́льше.	Wir haben gefrühstückt und gehen weiter.

a) Das Verb

Die Partizipien des Passivs

Das Partizip Präsens Passiv

Писа́тель, люби́мый детьми́, прие́хал в пионе́рский ла́герь Арте́к.	Der von den Kindern geliebte (bei den Kindern beliebte) Schriftsteller kam in das Pionierlager Artek.
Когда́ стиха́л шторм, солда́ты пе́ли свои́ люби́мые пе́сни.	Wenn der Sturm nachließ, sangen die Soldaten ihre geliebten Lieder (... ihre Lieblingslieder.)

Das Partizip Präsens Passiv wird nur von unvollendeten transitiven Verben gebildet. Es kommt in Lang- und Kurzformen vor. Man leitet es ab von der 3. Person Plural des Präsens.
1. In der e-Konjugation werden die Endungen -ют, -ут ersetzt durch -емый, -емая, -емое; -емые.
2. In der и-Konjugation treten anstelle von -ят, -ат:
-имый, -имая, -имое; -имые.

читáть	читá-ют	читá-емый	(der, der gelesen wird; *wörtl.* der gelesen werdende)
слы́шать	слы́ш-ат	слы́ш-имый	(der, der gehört wird)
ви́деть	ви́д-ят	ви́д-имый	(der, der gesehen wird)

Von der Regel abweichende Bildungen:

вести́	вед-у́т	вед-о́мый	(der, der geführt wird)
нести́	нес-у́т	нес-о́мый	(der, der getragen wird)
давáть		давá-емый	(der, der gegeben wird)

Beachte: 1. Bei Verben der e-Konjugation stimmt die Betonung mit der der 3. Person Plural Präsens überein.
2. Bei Verben der и-Konjugation stimmt die Betonung mit der des Infinitivs überein.

Das Partizip Präteritum Passiv 3—4

Лёгкая бáржа былá отóрвана от бéрега и унесенá в откры́тое мóре.

Der leichte Lastkahn wurde vom Ufer losgerissen und in die offene See abgetrieben.

Солдáты реши́ли собрáть разбрóсанные во врéмя штóрма проду́кты.

Die Soldaten beschlossen, die während des Sturmes verstreuten Lebensmittel aufzusammeln.

Унесённая бáржа находи́лась далекó от больши́х морски́х путéй.

Der abgetriebene Lastkahn befand sich weitab von den großen Seerouten.

Вся лóдка былá напóлнена уби́тыми гуся́ми.

Das ganze Boot war angefüllt mit geschossenen (erlegten) Gänsen.

Совéтское прави́тельство присла́ло их на развéдку месторождéния у́гля, откры́того Попóвым.

Die Sowjetregierung hatte sie (*die Geologen*) zur Erkundung des Kohlenlagers gesandt, das von Popow entdeckt worden war.

Так бы́ло откры́то огро́мное у́гольное месторожде́ние.	So wurde ein riesiges Kohlenlager entdeckt.
За сде́ланное ва́жное откры́тие охо́тник Попо́в награждён о́рденом Ле́нина.	Für die (von ihm) gemachte wichtige Entdeckung wurde der Jäger Popow mit dem Leninorden ausgezeichnet.
Постро́ены высо́кие све́тлые дома́, шко́лы.	Es wurden hohe helle Häuser und Schulen gebaut.

Das Partizip Präteritum Passiv wird fast nur von vollendeten transitiven Verben gebildet. Es kommt in Langformen und in Kurzformen vor.

1. Bei den Verben auf -ать (-ять) sowie bei einigen mehrsilbigen Verben auf -еть wird die Infinitivendung -ть ersetzt

   in der Langform durch: -нный, -нная, -нное; -нные
   in der Kurzform durch: -н, -на, -но; -ны.

прочита́ть *vo.* *Kurzformen:*	прочи́та-нный прочи́тан, прочи́тана, прочи́тано; прочи́таны	(der gelesen wurde; der gelesen worden ist; der gelesen worden war; *wörtl.* der gelesen worden seiende)
разброса́ть *vo.* *Kurzformen:*	разбро́са-нный разбро́сан, разбро́сана, разбро́сано; разбро́саны	(der zerstreut wurde)
подобра́ть *vo.* *Kurzformen:*	подо́бра-нный подо́бран, подо́брана, подо́брано; подо́браны	(der aufgenommen wurde)
присла́ть *vo.* *Kurzformen:*	при́сла-нный при́слан, при́слана, при́слано; при́сланы	(der geschickt wurde)
созда́ть *vo.* *Kurzformen:*	со́зда-нный со́здан, создана́, со́здано; со́зданы	(der geschaffen wurde)
осмотре́ть *vo.* *Kurzformen:*	осмо́тре-нный осмо́трен, осмо́трена, осмо́трено; осмо́трены	(der besichtigt wurde)
сде́лать *vo.* *Kurzformen:*	сде́ла-нный сде́лан, сде́лана, сде́лано; сде́ланы	(der gemacht wurde)

Beachte: 1. Verben, die im Infinitiv nicht endbetont sind, haben festliegende Betonung.
2. Bei Verben, die im Infinitiv endbetont sind, wird die Betonung meist um eine Silbe zurückgezogen.

Zu den Verben auf -ать, -ять (z. B. сделать) zählt man nicht Verben wie начать, взять u. a. Da der Präsensstamm dieser Verben auf -н (начн-у́) oder -м (возьм-у́) ausgeht, spricht man von sog. *Nasalstämmen.* Zur Bildung des Part. Prät. Pass. von *Nasalstämmen* siehe S. 86.

2. Bei mehrsilbigen Verben auf -ить, bei Verben auf -зти, -сти, -зть, -сть, -чь sowie bei den Ableitungen von идти́ wird die Endung -ю, (-у) der 1. Person Singular des Präsens bzw. des Futurs ersetzt.

in der Langform durch:	-енный, -енная, -енное; -енные
(betont:	ённый, -ённая, -ённое; -ённые)
in der Kurzform durch:	-ен, -ена, -ено; -ены
(betont:	-ён, -ена́, -ено́; -ены́).

постро́ить *vo.* постро́-ю *Kurzformen:*	постро́-енный постро́ен, постро́ена, постро́ено; постро́ены	(der gebaut wurde)
напо́лнить *vo.* напо́лн-ю *Kurzformen:*	напо́лн-енный напо́лнен, напо́лнена, напо́лнено; напо́лнены	(der gefüllt wurde)
реши́ть *vo.* реш-у́ *Kurzformen:*	реш-ённый решён, решена́, решено́; решены́	(der beschlossen wurde)
бро́сить *vo.* бро́ш-у *Kurzformen:*	бро́ш-енный бро́шен, бро́шена, бро́шено; бро́шены	(der geworfen wurde)
заме́тить *vo.* замеч-у *Kurzformen:*	замеч-енный замечен, замечена, замечено; замечены	(der bemerkt wurde)
раздели́ть *vo.* разде́л-ю *Kurzformen:*	разде́л-ённый разделён, разделена́, разделено́; разделены́.	(der geteilt wurde)
купи́ть *vo.* купл-ю́ *Kurzformen:*	ку́пл-енный ку́плен, ку́плена, ку́плено; ку́плены	(der gekauft wurde)

| привезти́ *vo.* привез-у́ | привез-ённый | (der herantransportiert wurde) |
| *Kurzformen:* | привезён, привезена́, привезено́; привезены́ | |

| унести́ *vo.* унес-у́ | унес-ённый | (der weggetragen wurde, der weggetrieben wurde) |
| *Kurzformen:* | унесён, унесена́, унесено́; унесены́ | |

| найти́ *vo.* найд-у́ | на́йд-енный | (der gefunden wurde) |
| *Kurzformen:* | на́йден, на́йдена, на́йдено; на́йдены | |

Merke: 1. Der in der 1. Person Singular des Präsens bzw. des Futurs eingetretene Konsonantenwechsel oder л-Einschub bleibt beim Partizip Präteritum Passiv erhalten.

2. Die Verben auf **-дить** zeigen bei der Bildung des Partizips Präteritum Passiv meist den Konsonantenwechsel **д — жд**.
Beispiel: награди́ть *vo.*, награж-у́, aber: награждённый (der ausgezeichnet wurde). *Kurzformen:*
награждён, награждена́, награждено́; награждены́.

3. Zu den Verben auf **-сть** zählt auch das ganz unregelmäßige Verb съесть *vo. Langform:* съе́денный (der aufgegessen wurde). *Kurzformen:* съе́ден, съе́дена, съе́дено; съе́дены.

Beachte: 1. Bei Verben auf **-ить** der и-Konjugation stimmt die Betonung meist mit der der 2. Person Singular des Präsens bzw. des Futurs überein.

Verben, die in der 2. Person nicht endungsbetont sind, gehen aus auf **-енный, -енная, -енное; -енные**
(*Kurzformen:* -ен, -ена, -ено; -ены).

Verben, die in der 2. Person Singular endungsbetont sind, gehen aus auf **-ённый, -ённая, ённое; -ённые**
(*Kurzformen:* -ён, -ена́, -ено́; -ены́).

2. Verben auf **-зти, -сти, -зть, -сть, -чь** gehen meist aus auf **-ённый, -ённая, -ённое; -ённые**
(*Kurzformen:* -ён, -ена́, -ено́; -ены́).

3. Unregelmäßige Betonung kommt häufiger vor.
Beispiele: найти́ *vo. siehe oben*; пройти́ *vo.*: про́йденный, про́йденная, про́йденное; про́йденные
(*Kurzformen:* про́йден, про́йдена, про́йдено; про́йдены).

Gleichfalls zulässig ist die Betonung про́йденный, про́йденная, про́йденное; про́йденные

(*Kurz formen:* про́йден, про́йдена, про́йдено; про́йдены).

3. Bei den Verben auf -уть, -ыть, -оть, bei den einsilbigen Verben auf -еть, -ить und deren Ableitungen mit Präfixen sowie bei den Nasalstämmen (vgl. S. 84) wird die Infinitivendung -ть ersetzt

in der Langform durch: -тый, -тая, -тое; -тые
in der Kurzform durch: -т, -та, -то, -ты.

обману́ть *vo.*	обма́ну-тый	(der betrogen wurde)
Kurz formen:	обма́нут, обма́нута, обма́нуто; обма́нуты	
откры́ть *vo.*	откры́-тый	(der geöffnet wurde)
Kurz formen:	откры́т, откры́та, откры́то; откры́ты	
забы́ть *vo.*	забы́-тый	(der vergessen wurde)
Kurz formen:	забы́т; забы́та, забы́то; забы́ты	
петь	пе́-тый	(der gesungen wurde)
Kurz formen:	пет, пе́та, пе́то; пе́ты	
оде́ть *vo.*	оде́-тый	(der bekleidet wurde, der angezogen wurde)
Kurz formen:	оде́т, оде́та, оде́то; оде́ты	
пить	пи́-тый	(der getrunken wurde)
Kurz formen:	пи́т, пи́та (*auch:* пита́), пи́то; пи́ты	
уби́ть *vo.*	уби́-тый	(der getötet wurde)
Kurz formen:	уби́т, уби́та, уби́то; уби́ты	
взять *vo.*	взя́-тый	(der genommen wurde)
Kurz formen:	взят, взята́, взя́то; взя́ты	

начáть *vo.*	нáча-тый	(der begonnen wurde)
Kurzformen:	нáчат, начатá,	
	нáчато; нáчаты.	

Beachte: Die Betonung der Langform stimmt zumeist mit der Betonung der männlichen Form Singular des Präteritums überein. Bei den Ableitungen von Verben auf -еть und -ить sowie bei den Nasalstämmen (vgl. S. 86) ist die weibliche Kurzform häufig endungsbetont.

Die Deklination der Partizipien des Passivs 3—4

Die Langformen des Partizips Präsens Passiv und des Partizips Präteritum Passiv werden wie Adjektive dekliniert.

N.	любúмый детьмú писáтель	прочúтанная кнúга
G.	любúмого детьмú писáтеля	прочúтанной кнúги
D.	любúмому детьмú писáтелю	прочúтанной кнúге
A.	любúмого детьмú писáтеля	прочúтанную кнúгу
I.	любúмым детьмú писáтелем	прочúтанной кнúгой
P.	о любúмом детьмú писáтеле	о прочúтанной кнúге

Zum Gebrauch der Partizipien des Passivs 3—4

Das Partizip Präsens Passiv wird in der Umgangssprache äußerst selten gebraucht. Auch in der Schriftsprache tritt es nur gelegentlich auf. Die Kurzform kommt immer mehr außer Gebrauch. Ein Satz wie z. B. „Он был любúм." (= Er wurde geliebt.) erscheint im modernen Russischen in der Form „Егó любúли".

Das Partizip Präteritum Passiv wird in der Umgangssprache wie in der Schriftsprache häufiger gebraucht. Während die Langformen zumeist in der Schriftsprache Verwendung finden, kommen die Kurzformen nicht selten auch in der Umgangssprache vor.

Merke: 1. In besonderen Konstruktionen stehen Langformen des Partizips Präteritum Passiv anstelle von Relativsätzen:

В клáссе лежúт портфéль, забы́тый Ромáном.	In der Klasse liegt die Aktentasche, die Roman vergessen hat.
В клáссе лежáл портфéль, забы́тый Ромáном.	In der Klasse lag die Aktentasche, die Roman vergessen hatte.

2. In Verbindung mit **быть** kann man mit den Kurzformen des Partizips Präteritum Passiv ein vollendetes Passiv ausdrücken:

Кусо́к хле́ба и́ми разделён на четы́ре ча́сти.	Das Stück Brot ist von ihnen in vier Teile geteilt worden.
Кусо́к хле́ба и́ми был разделён на четы́ре ча́сти.	Das Stück Brot war von ihnen in vier Teile geteilt worden.
Кусо́к хле́ба бу́дет и́ми разделён на четы́ре ча́сти.	Das Stück Brot wird von ihnen in vier Teile geteilt werden.
Ба́ржа заме́чена америка́нским лётчиком.	Der Lastkahn ist von einem amerikanischen Flieger bemerkt worden.
Ба́ржа была́ заме́чена америка́нским лётчиком.	Der Lastkahn war von einem amerikanischen Flieger bemerkt worden.
Ба́ржа бу́дет заме́чена америка́нским лётчиком.	Der Lastkahn wird von einem amerikanischen Flieger bemerkt werden.

Partizip — Adjektiv — Substantiv 3—4

Partizipien können zu Adjektiven und zu Substantiven werden. Dabei verändert sich häufig ihre Bedeutung. Beispiele:

бу́дущий инжене́р	der künftige Ingenieur
проше́дшее вре́мя	die vergangene Zeit, die Vergangenheit
люби́мая пе́сня	das geliebte Lied, das Lieblingslied
откры́тое мо́ре	das offene Meer, die offene See
бу́дущее *G.* бу́дущего	die Zukunft
проше́дшее *G.* проше́дшего	das Vergangene
уча́щийся *G.* уча́щегося	der Lernende, der Schüler, der Studierende

b) Die Präposition ми́мо = an ... vorbei, an ... vorüber 3

За два дня ми́мо ба́ржи прошло́ три корабля́. По́езд прое́хал ми́мо ста́нции.

Nach der Präposition **ми́мо** steht der Genitiv.